国际政治论坛

中国与欧盟的相互认知

——媒体的视角

THE EU AND CHINA:
HOW DO THEY PERCEIVE EACH OTHER?

门　镜

〔保加利亚〕　薇罗妮卡·奥尔贝特索娃　主编
（Veronika　Orbetsova）

李靖堃　译

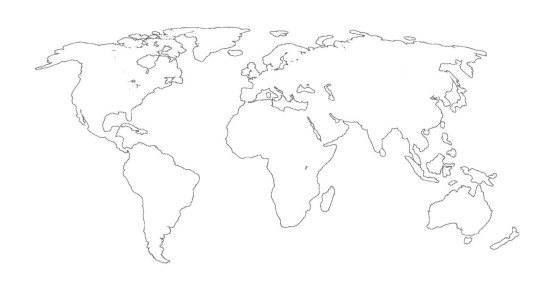

社会科学文献出版社
SOCIAL SCIENCES ACADEMIC PRESS (CHINA)

目　录

导论　中国与欧盟的相互认知 // 001

第一章　驻布鲁塞尔的中国媒体与中欧关系 // 009
　　引言 // 009
　　中国媒体在布鲁塞尔的可见度不断增强 // 011
　　中国记者的报道和分析 // 016
　　重新审视中欧关系 // 023

第二章　13亿中国人眼中的欧洲：中国电视剧中
　　　　欧洲人的形象 // 032
　　引言 // 033
　　欧洲人在中国 // 035
　　中国人在欧洲 // 042

第三章　电子治理如何塑造欧洲人心目中的中国形象 // 051
　　数字时代：沟通过程的空间与时间边界已被改变 // 052
　　跨界沟通的新视角 // 053
　　模型与假设 // 059
　　方法 // 061
　　透过快速增长的信息技术市场力量评判电子治理 // 063

欧洲人对中国的认知 // 065

问卷结果 // 066

讨论与启示 // 074

第四章　中国社交媒体视角下的欧盟：基于中国外交部
　　　　官方微博的案例分析 // 083

引言 // 083

研究方法 // 087

研究结果 // 089

讨论 // 096

结论 // 100

第五章　欧盟媒体能否实现对中国问题的均衡报道？
　　　　——因素与影响 // 105

导言 // 106

中国的观点 // 106

欧盟记者在中国的工作条件 // 111

来自欧盟记者母国的压力：读者、编者和媒体所有者 // 113

基本价值观 // 114

结论 // 116

第六章　西欧在线媒体呈现的中国形象：欠缺公平和准确 // 125

导言 // 126

在线媒体呈现的中国形象 // 127

偏见和党派倾向 // 132

评估 // 133

建议 // 140

第七章　大众媒体：思维定式的"游戏场" // 145

导言 // 146

中国和欧洲对彼此的思维定式 // 147

信息流动与大众媒体的一般性背景：欧洲和中国 // 153

西方媒体报道实践中的一些关键因素 // 155

结论 // 160

第八章　中国：经济磁石还是竞争对手？

**　　　　——荷兰与比利时的荷兰语和法语精英**

**　　　　报刊对中国的描述 // 164**

引言 // 165

文献综述：关于中国问题的新闻报道 // 166

研究理论与方法论方面的考虑 // 170

对媒体文章的实证分析 // 174

结论 // 182

第九章　媒体交流：中欧新闻领域对话面临的问题与

**　　　　存在的机遇 // 188**

导言 // 189

对问题的诊断 // 191

挑战与机遇 // 203

走向真正的合作与中欧媒体合作与交流平台？// 205

结论 // 206

导论
中国与欧盟的相互认知

门镜　薇罗妮卡·奥尔贝特索娃*

　　2015 年是中华人民共和国（以下简称"中国"）与欧洲联盟（以下简称"欧盟"）建立外交关系 40 周年。2015 年 6 月 29 日，第十七次中国欧盟领导人会晤在布鲁塞尔举行。在此次峰会上，中欧双方领导人对中欧建交 40 周年表示了祝贺，并就范围广泛的问题展开了讨论。在领导人会晤期间，中欧双方还召开了中欧工商峰会（EU – China Business Summit）、中欧城镇化伙伴关系高层论坛（EU – China Urbanisation Partnership）和第二次中欧创新合作对话（EU – China Innovation Cooperation Dialogue），进一步扩大了中欧全面战略伙伴关系所涵盖的范围。事实上，中欧伙伴关系已经发展成为一种极具活力的双边关系，双方的合作主要通过包括高层会晤以及各种论坛在内的 60 多种对话机制予以推动。正如第十七次中国欧盟领导人会晤联合声明《中欧 40 年合作后的前进之路》所强调的，中欧合作的目的是实现"建立在相互尊重、平等互信和互利合作基础之上"的伙伴关系。然

---

* Veronika Orbetsova.

而，尽管过去 40 年间的中欧合作取得了诸多成绩，而且，目前我们也可以获得大量与中国和欧盟相关的各种信息，但双方之间的相互理解和信任与彼此的期待相较仍有差距。在涉及全球问题（在中国和欧盟都发挥重要作用的领域）的解决方案时，这一问题就显得更为迫切。

自从实行对外开放政策以来，中国的国际地位迅速上升。对于欧洲而言，中国在 21 世纪的崛起既带来了挑战，也带来了机遇。如何应对这些挑战，并利用这些机遇，仍然是欧盟目前面临的最重要议题之一。欧盟愿意与中国加强各个层面的联系与交流，并希望在各个领域与中国开展合作，这说明欧盟希望实现它所期待的目标。与此同时，中国将欧盟视为一支"重要力量"、"重要的战略伙伴"，以及"最重要的贸易和投资伙伴之一"（2014 年《中国对欧盟政策文件》）。因此，增进与欧盟的伙伴关系，加强相互理解，也是中国最关注的问题之一。

以往，中欧领导人主要关注的是政治家、官员和专家之间的各种对话。近年来，中欧双方更加关注人员往来与交流。从 2010 年的"文化对话年"（the Year of Interculture Dialogue）到 2011 年的"青年交流年"（the Year of Youth），再到 2012 年人文交流机制的建立，中欧关系中出现了一个显著变化：目前双方均已认识到，需要通过人员之间的日常交流来加强和补充高层机制性安排。中国政府 2014 年 4 月发布的《中国对欧盟政策文件》认为，中欧高级别人文交流对话具有"统领作用"，强调有必要"积极推动中国与欧盟及其成员国在教育、文化、新闻出版、青年交流等领域的合作"。此外，该政策文件还明确提出，将促进"新闻出版界交流与合作"，并利用"新兴媒体"，增进中欧双方民众"对彼此政策理念、发展目标、战略走向和文化精粹"的了解。中国的最终目标是确保"全面和客观的情况反映"，以及"为中欧关系健康稳定发展营造良好舆论环境"（2014 年

《中国对欧盟政策文件》）。

在此背景下，中国向欧盟大量增派记者：中国已成为派驻布鲁塞尔记者数量最多的国家，超过了欧盟成员国以及其他任何第三国。中国对大众媒体的大力投入给人留下了深刻印象，表明中国愿意更好地了解欧盟，也希望得到欧盟的更好理解。与此同时，我们还看到，派驻中国的欧洲记者的数量在稳步增加，欧洲媒体关于中国问题的新闻报道也在与日俱增。

媒体对国家形象的形成至关重要，而无论是在官方层面还是在人员交流层面，国家形象均影响着国家之间的关系。此外，由于包括语言问题在内的诸多原因，人们在寻求了解"他者"的情况时，似乎更倾向于相信和依赖那些更容易获得的信息来源（往往是国内来源）。事实上，对于中欧双方而言，其各自的媒体和出版物都是非常重要的信息来源。特别是，由于地理距离遥远，能够直接接触到"他者"的文化、历史和世界观的群体仍然仅限于社会上的一小部分人，这样一来，媒体和出版物的作用就显得愈加重要。尽管中国和欧洲在政治与经济关系方面取得了诸多成就，但欧洲人对当代中国的了解相对而言仍然少之又少，中国人对欧洲的了解也不够全面。

这就是为什么中国和欧盟都将通过大众传媒工具提升对方对自己的关注度，作为双边关系中的头等政策任务。随着中国和欧盟在彼此媒体中受到的关注度不断提升，以及双方媒体关于中国和欧盟的政治、经济和文化生活的报道数量不断增多，双方之间的相互理解有望得到改善。尽管中国和欧盟的有些学者已经开始关注双方的形象塑造、国家品牌和相互认知等问题，但到目前为止，还很少有人撰写过与中国和欧盟的媒体及其对中欧关系的影响有关的文章。

鉴于上述情况，本书主编与作者希望通过评估中国媒体关于欧盟的报道情况和欧盟媒体关于中国的报道情况，以及媒体在国家形象塑造方面的作用，来填补中欧关系研究中的此项空白。我们特别关注多媒体时代给中国和欧盟带来的机遇和挑战，以及大众媒体对中欧关系产生的总体影响。本书的作者包括中国和欧洲学术界的中欧关系问题专家，以及中欧关系领域的政策制定者和实际工作者。

本书的作者本身就常常参与中国与欧盟之间的大众媒体交流，因此他们不仅能够提供相关的一手经验，而且，他们本身就是中欧大众交流过程的实际反映，同时也真实反映了大众媒体对于构建"他者"形象和认知所能够产生的影响。除导论外，本书共有九章，从不同角度分析了媒体、公共舆论、中欧关系以及国内政策之间的相互作用和相互影响，研究视角既有理论分析，也有具体的案例研究。

在第一章"驻布鲁塞尔的中国媒体与中欧关系"中，作者门镜评估了驻布鲁塞尔的中国媒体对欧洲一些重大事件的新闻报道和分析。她在该章分析了中国媒体最关注的三个问题：欧洲债务危机、容克计划和难民危机。通过分析中国媒体看待这些问题的观点，作者重新评估了中欧关系，并且指出了中国和欧盟在政治理解方面的主要差异。

一般情况下，大众媒体，特别是电视（人们最容易获得且应用最频繁的大众传媒方式），在一定程度上反映了存在于某一既定社会中的情感与形象，并且能够重塑人们的认知。在第二章"13亿中国人眼中的欧洲"中，瓦莱里娅·瓦里亚诺分析了中国的电视节目如何影响中国对欧盟和欧洲人的看法。她分析了中国的两类电视剧中所描绘的"欧洲形象"：一类是表现中国文化和文化之间互动关系的跨国家庭问题；另一类的主题是中国移民和游客在欧洲的生活和工作经历，表现的是中国人对欧洲生活方式的认知。她探讨了这些电视剧刻画的人物之间的相互交往，也探讨了这些人物所生活的环境，目的是分析这些电视剧传达给中国公众的欧洲形象。

在我们生活的这个数字时代，因特网与通信技术正在飞速发展。因特网已经成为主要的信息来源和通信方式，为我们提供了很多机会，但也带来了诸多挑战，并导致各国政府和社会所处的环境更加复杂。包玫兰在"电子治理如何塑造欧洲人心目中的中国形象"一章（第三章）中，分析了电子治理对于塑造欧洲人对中国政府的看法所产生的影响。她分析了中国政府官方网站的发展以及电子治理战略的实施。为此目的，她就欧洲用户对中国政府官方网站的看法开展了一项实证研究。该作者的调查问卷得到了超过 140 份答复，在此基础上，她考察了获取中国官方网站信息的难易度与其质量这二者之间的关系，同时探讨了欧洲人对中国政府的可信度和透明度的认知。

宋黎磊和卞清在"中国社交媒体视角下的欧盟"一章（第四章）中，探讨了微博在形象构建和权威验证方面的作用，以及微博对双边关系的影响。两位作者以中国外交部的官方微博作为案例研究，探讨了微博的影响。他们运用文本分析和内容分析，对以新浪微博——中国的社交媒体平台和主要的微博运营商之一——为载体的中国外交部微博（"中欧信使"）进行了分析。两位作者通过分析"中欧信使"使用的一些工具，以及 2012 年 4 月至 2013 年 4 月，将近 300 万名"粉丝"对该微博账号总共 360 条博文的评论和回帖，分析了"中欧信使"中的一些微博对于中国网民对欧洲和中欧关系的认知产生的影响。通过这种方式，两位作者向中国政府机构提出了诸多建议，目的是使中国人民和欧洲人民实现更好的沟通。

在任何国家，本地媒体都是软实力活动的主要目标，它们通常也是塑造公共舆论以及影响公众对于其他国家及其文化和人民的认知的最强有力的因素。因此，各个国家都应该特别关注在其领土范围内工作的国外记者。威廉·芬格里顿的文章（第五章）首先回顾了中国对该问题的观点，接下来探讨了影响欧洲媒体报道中国问题的一些因素，例如欧盟记者在中国的工作条件，来自本国读者、编辑和媒体所有者的压力，以及欧洲和中国对于记者职责的不同观点等。在结论部分，作者就如何改善中欧之间关系提出了自己的一些见解，这对相关各方都有利。

德克·尼姆吉尔斯的文章（第六章）聚焦于西欧的在线媒体对中国问题的报道。他对英国、荷兰和比利时的在线报刊和微博中对中国的报道进行了分析。通过一些具体的案例研究，他揭示了上述媒体关于中国的报道绝大多数具有负面性质的原因，并特别指出了其偏差性、偏见性和党派倾向。尼姆吉尔斯进一步探讨了新闻工作与行动主义之间的复杂关系，并且提出了诸多分析，突出表明了媒体的态度在关于中国的负面舆论形成过程中产生的影响。通过说明西欧媒体在关于中国的报道中存在的缺陷，诸如信息的扭曲或自我审查等，作者对这些报道缺乏客观性这一问题提出了批评。他提出了中国和欧洲记者双方都可以采取的一些措施，以便克服报道中存在的不均衡和偏见，并努力做到更加公正和更加准确。

在包德贞的文章（第七章）中，她探讨了欧洲中心主义和中国中心主义这两种理念，以及欧洲和中国之间的相互交往以何种方式影响媒体关于中国问题的报道。她强调，理解后殖民主义背景（包括其政治、社会和文化维度）对于解释中国和欧洲之间根深蒂固的成见至关重要。这正是包德贞通过追溯现代中国的历史去讨论"中国"这一概念的原因，她描述了西方出现的关于中国概念的各种不同理论，而这些理论在现代中国的发展过程中曾经发挥过不同的作用。作者接下来探讨了信息共享在欧洲和中国的不同模式及其动态发展情况。她认为，缺少对这些动态发展情况的了解影响了中国在西方的形象。包德贞特别指出，新闻的选择、新闻价值与新闻的表述方式是对形象塑造过程产生影响（往往是负面的）的主要因素，并且往往导致产生不正确的信息。她解释说，尽管西方媒体中与中国的负面形象有关的报道占绝大部分，但也的确存在着运用中国的魅力打造而成的正面形象。

蓝露洁对比利时和荷兰一些严肃报刊的意识形态构建进行了长达一年多的调研，并在此基础上完成了第八章的写作。她首先回顾了以前完成的一项量化内容分析，核心内容是中国和西方的一些作者对西方媒体（报刊、电视）对中国所持的偏见提出的批评。她接下来阐释了她在分析比利时和荷兰报刊中与国际新闻有关的文章时所应用的逻辑（内容分析和话语分析）。在她的分析中，她将新闻报道按照主题分成了三类，即经济、政治和社会；同时，她又按照文本的内容，将这些报道从"极端负面"到"极端正面"划分了五类。在讨论正面或负面新闻框架的创建过程及其影响之前，作者分析了在关于中国问题的新闻报道中，是否存在观点和意见的多元化这一问题。作者对从此项分析中得出的结论与先前的一些研究得出的结论进行了比较。

依莲娜·法伊尔的文章（第九章）探讨的是中国和欧盟媒体工作者之间的对话存在的问题和带来的机遇。法伊尔分析了以媒体工作者为目标对象的人文交流项目能够以哪些方式改善中欧之间的相互理解。法伊尔认为，造成中欧伙伴之间缺乏信任和理解的原因不仅仅在于中国媒体对欧盟的报道和欧盟媒体对中国的报道中存在着错误陈述和偏见，而且还在于双方的媒体代表之间几乎不存在人员之间的交流和联系。她指出，中国和欧洲在大众媒体领域的对话发展最慢，也最不健全。她在文章中就一项案例进行了分析。"中欧媒体交流"是中欧资深记者之间的一项年度对话项目，组织方为战略对话研究所（Institute of Strategic Dialogue）和上海交通大学。她探讨了此种直接对话对于增进双方了解产生的积极影响，同时也分析了可能遇到的一些问题和限制，另外还提出了有助于中欧双方媒体工作者改善双边对话的可能方式。

一个国家的正面形象不是"政府或企业界的财产"，而是其人民的财产，换言之，一个国家的人民才是在海外宣传其正面形象的真正宣传者（Markessinis，2011），也将是一个国家正面形象的长期受益者。本书的目的是，通过阐述理论背景和提供最新的相关案例研究，以及通过说明中国和欧盟之间长期存在的一些问题，向公众提供一项关于中欧大众传媒现状的全面研究。在本书中，我们尽力向政策制定者、大众媒体的专业人士和记者提供一些一般性的和具体的建议，以便为减少双方之间的误解做出贡献。我们希望本书能够有助于进一步促进中欧人员交流。通过提醒人们关注哪些因素不利于中国和欧盟之间形成相互理解，以及哪些因素能够在中欧之间引起共鸣，我们的目的在于为中欧双方共同努力创造更美好的未来合作关系提供动力。

参考文献

Andreas Markessinis, "10 Tips to Improve South Korea's Image", 8 June 2011, http://nation-branding. info/2011/06/08/10-tips-improve-south-korea-image/, last accessed on 28 May 2015.

Chinese Government, "China's Policy Paper on the EU: Deepen the China-EU Comprehensive Strategic Partnership for Mutual Benefit and Win-win Cooperation", 2 April 2014, http://www. fmprc. gov. cn/mfa_eng/wjdt_665385/wjzcs/t1143406. shtml, last accessed on 23 August 2015.

European Council/Council of the European Union, "The way forward after forty years of EU-China cooperation", 29 June 2015, http://www. consilium. europa. eu/en/press/press-releases/2015/06/29-eu-china-statement/, last accessed on 28 August 2015.

第一章
驻布鲁塞尔的中国媒体与中欧关系

门　镜

摘　要：本文分析了中国派驻布鲁塞尔的记者对欧洲一些重要事件的新闻报道和分析。随着中欧关系的迅速发展，再加上中国出于加强国际联系的需要，越来越多的中国媒体向布鲁塞尔派驻了记者。本文分析了中国媒体最为关注的三个事件：欧洲债务危机、容克计划和难民危机。通过分析中国媒体看待这些问题的视角，本文重新评估了中国和欧盟的关系，并且指出，中欧关系的主要优势在于经济关系，同时也指出了双方在政治理解方面存在的差异。

引　言

中国和欧盟均为世界上最重要的行为体。中欧双方的关系与相互理解不仅对中国和欧盟各自的经济增长和社会发展具有重要意义，同时对世界治理也具有重要影响。自从中国和欧盟 1975 年建立外交关系以来，关注中欧关系的学者和研究人员在过去 40 年间发表了大量学术著述和研究报告。绝大多数著述关注的是政治、价值观、经济和贸易关系、法律事务等问题。近年来，学者和研究人员越来越关注能源安全和气候变化问题，这一点并不令人意外。这些出版物以这样或那样的方式，不仅阐明了中国和欧盟赖以开展合作的共同基础和共同利益，而且揭示了双方之间存在的分歧和问题（Fox and Godement, 2009; Crookes, 2013: 539 – 663）。在很大程度上，中国人和欧洲人往往都承认，他们对对方的了解并不充分（参见 Men, 2009: 3 – 6; Pan, 2012）。这不仅源于中欧双方在政治体制、经济发展水平、公民社会的发展，以及文化和价值观等方面的巨大差异，同时也源于双方人员之间的交往和对彼此的了解都很有限。

提升中欧双边关系不仅取决于国家领导人和政治家之间的互访，也取决于普通人之间的交往，这一点无须赘述。中国和欧盟的人民如何理解和认识对方，这将对中欧关系的发展产生直接影响。因此，认知是中欧伙伴之间的一个重要问题。在以中国对欧盟的认知为主题的出版物中，门镜的研究关注的是在中国出版的主要学术期刊（2006: 788 – 806）；马克·莱昂纳德（Mark Leonard）的分析以他对中国一些主要智库进行的访谈为基础（2005）；朱立群探讨了中国学者和高校学生的认知（2008: 148 – 173）；董礼胜则对中国普通大众和精英的认知情况做了分析（2014: 956 – 779）。但问题的关键是，这些中国学者、智库、学生、普通大众和精英关于欧盟的信息和知识是从哪里获得的？除了欧盟及其成员国的在线资源（只有少数中国人懂欧洲语言，能够直接浏览欧洲的网站或其他信息来源），以及能够在中国的书店买到的与欧盟有关的教科书之外，最直接的信息渠道无疑是中国记者撰写的新闻报道和分析——这些报道和分析有的是译自国际媒体刊载的文章，有的则是中国驻欧盟及其成员国的记者根据自己的采访撰写的分析和报道。

近年来，中欧机制性安排中的第三根支柱人文交流机制得以建立，并得到了迅速发展。普通民众之间的交流也得到了加强。然而，无论是在欧盟还是在中国，有机会到其他地区或国家访问或旅游的人员数量仍十分有限。绝大多数人都需要依靠媒体获得关于欧盟、中国和中欧关系的一手知识。因此，记者在向社会提供知识方面发挥着重要作用。值得注意的一个现象是，被派驻布鲁塞尔的中国记者越来越多，他们的任务是跟踪报道欧盟的日常事务，并将其发回中国。当前，中国派驻布鲁塞尔的记者数量是所有国家中最多的，甚至超过了欧盟成员国。这是一个值得研究的新现象。这些记者报道欧盟事务的原因是什么？他们感兴趣的题目有哪些？他们关于中欧关系的报道将产生何种影响？为回答上述问题，本文将首先简要介绍中国媒体驻布鲁塞尔的记者数量不断增加这一事实，以及中国政府的相关政策。接下来，本文将对中国记者报道最多的三个问题进行讨论，同时分析他们为什么选择和报道这些问题。最后，本文将评估，这些新闻报道表明中欧关系取得了哪些主要成绩，以及存在哪些问题。

中国媒体在布鲁塞尔的可见度不断增强[①]

经过几十年的改革，中国开始崛起，这是 21 世纪世界上最引人注目的现象之一。2010 年，中国超过日本成为世界第二大经济体（*Bloomberg*，26 August 2010），2013 年超过美国成为世界上最大的商品贸易国家（*Bloomberg*，10 February 2013）。由于经济增长迅速，中国政府积累了大量外汇储备。即使在 2008 年的经济下行期，中国仍拥有超过 8000 亿美元外汇储备。2014 年，中国的外汇储备达到了将近 4 万亿美元（Noble，15 April 2014）。

---

① 关于驻布鲁塞尔的中国媒体的情况，来自笔者2013～2015年与多位中国记者进行的多次访谈。

然而，尽管中国不断增长的经济实力令人瞩目，但有些国家并未认可中国的成就。恰恰相反，2008 年上半年，在北京积极筹备夏季奥林匹克运动会期间，在美国和欧洲的一些大城市举行火炬传递活动的过程中，西方国家却谴责中国的人权记录，同时，还有一些人试图抵制北京奥运会。西方媒体也一边倒地批评中国的国内人权政策（参见 Spencer, 29 July 2008；Hadad, 12 August 2008）。这些事件对中国的努力构成了严峻挑战（陈剑，2008）。

在此背景下，中国政府决心"大幅扩展中国媒体在海外的存在，以打破'西方媒体的垄断'"，并向相关媒体提供资助（Shambaugh, 2015：102）。2008 年底，当时主管宣传工作的政治局常委李长春在一次重要讲话中指出，中国政府正在努力建构现代传媒体系，并致力于改善国内和国际交流能力（Li, 23 December 2008）。在李长春发表上述讲话 1 个月后，据报道，中国政府计划向主要媒体提供 450 亿元人民币资助，以支持这些媒体在国外发出更强大的声音，并支持其向海外扩展（凤凰网，23 January 2009）。中央电视台、新华社和《人民日报》将成为该计划最大的受益者。其中，新华社计划将其驻外机构从 100 家扩大到 186 家（博讯网，15 January 2009）。

在中欧关系方面，作为欧盟总部所在地，布鲁塞尔成为中国媒体向欧盟派驻记者的最主要的目的地。到目前为止，共有 12 家中国媒体在布鲁塞尔设立了办事处（无论规模大小），包括新华社、《人民日报》、中央电视台、《光明日报》、中国国际广播电台、《中国日报》、中国新闻社、《中国青年报》、《经济日报》、《解放日报》、《北京日报》和《21 世纪经济报道》。需要指出的是，随着互联网技术的迅速发展以及互联网在中国网民中的不断普及，中国的所有媒体集团除了通过传统渠道发布新闻报道之外，它们还在互联网上发布新闻报道。例如，新华社有新华网（Xinhuanet），中央电视台的官方网站为 cctv.com，《人民日报》的官方网站为 people.com.cn。换言之，不仅所有通过传统渠道发布的信息都会在这些媒体的官方网站上予以发布，一些没有在纸质媒体发表或没有在电视节目中播放的信息也有可能在这些媒体的官方网站上发表。

新华社是中国的官方新闻社，它在全世界拥有广泛的记者网络，提供大量新闻报道和分析。为了提高在欧洲地区的新闻报道率，2014年5月，在中国前总理温家宝和欧盟委员会前主席普罗迪的见证下，新华社在布鲁塞尔成立了欧洲总部（它在全世界各大洲共设有7个总部）。新华社欧洲总部负责42个欧洲国家、欧盟、北约、联合国和其他以欧洲为基地的国际组织的新闻报道，是所有驻布鲁塞尔的媒体中规模最大的，共有超过30名中国和欧洲的文字记者及摄影记者。

《人民日报》是中国共产党的官方报社，也是中国最有影响的媒体之一。它早在20世纪80年代就向布鲁塞尔派驻了记者，是最早向布鲁塞尔派驻记者的中国主流媒体之一，主要报道欧洲新闻和中欧关系问题。2011年，在中央政府的资助下，《人民日报》欧洲分社在布鲁塞尔成立，共有6名记者。

中央电视台是中国最有影响的播放有线新闻节目的电视台。1994年，中央电视台向布鲁塞尔派驻了首批记者，以新闻视频和纪录片的形式报道欧洲事务和与中欧关系有关的新闻。此后，中央电视台驻欧洲办事处的规模迅速扩大，并先后在欧洲设立了12个办事处，其中大多数是在最近5年设立的。目前有3名由中央电视台直接派驻的记者在布鲁塞尔工作。

《光明日报》是仅次于《人民日报》的中国第二大报刊。《光明日报》的报道一般聚焦于科学、教育和文化等问题，但近年来也越来越重视政治和经济报道。《光明日报》向全世界22个国家和地区派驻了记者，20世纪80年代初以来，一直有1名记者驻布鲁塞尔，并负责那里的报道工作。

中国国际广播电台是中国最大的广播公司，也是最早向布鲁塞尔派驻记者的广播公司之一，其首批记者于 20 世纪 80 年代末被派驻布鲁塞尔。在传统媒体时代，由于无线广播很受欢迎，中国国际广播电台曾是人们当时最主要的信息来源之一，拥有大量听众。随着互联网技术的发展，中国国际广播电台也建立了在线新闻系统。

《中国日报》是中国最知名的英文报纸，其读者群无疑是能够阅读和理解英语的一小部分中国读者，但更主要的是那些希望了解中国的外国人——不管他们是在中国还是在其他国家居住。为了提升在欧洲的知名度，《中国日报》2010 年 7 月在欧洲设立了办事处。随着互联网的发展，《中国日报》也建立了自己的网站，作为在线新闻平台，以吸引全世界的更多读者。

中国新闻社是中国第二大新闻社，其目标群体为在海外生活的中国人。中国新闻社于 2010 年向布鲁塞尔派驻了首位记者。《经济日报》和《21 世纪经济报道》这两家多媒体集团主要关注对经济新闻的报道和分析。如其名称所表明的，《中国青年报》的读者群体主要是中国的青年人。《北京日报》的主管单位为北京市政府；《解放日报》由上海市政府直接领导。向布鲁塞尔派驻记者的地方媒体只有这两家，这表明北京和上海这两个最重要的中国城市十分重视国际传媒和信息的交流。

通过向布鲁塞尔派驻记者，中国的这些主要媒体集团有效地增加了中国的电视台、广播电台、报刊和互联网对欧盟问题的新闻报道。通过这些媒体集团新闻记者的报道，中国人民对欧盟发生的事情有了更好的了解。

对于所有派驻布鲁塞尔的中国记者而言，他们主要从以下来源获得信息：欧盟的日常官方新闻发布会和吹风会；欧盟的记者招待会；当地新闻来源（主要成员国的报纸）；欧盟官员、专家和智库的评论，以及他们在布鲁塞尔和其他地方进行的采访。

如前所述，有相当数量的中国读者主要通过中国的媒体获得关于欧盟的信息。因此，派驻布鲁塞尔的记者负有向中国人民传达关于欧盟的知识，让他们理解或接受欧盟这一重要责任。他们的报道和分析，以及他们对于自己所报道和分析的问题的认知，可能对中国人民对欧洲事务和中欧关系的理解产生直接影响。尽管为不同的媒体集团服务，但几乎所有中国记者都承认，其报道任务的目标是传达信息和教育——中国记者撰写的报道一般涵盖经济新闻、政治新闻、社会新闻、体育、文化事件、科学和技术创新新闻以及中欧关系（例如双方领导人的官方互访）。在此类报道中，中国记者不仅需要让中国人民了解欧洲的最新发展情况，而且还需要帮助中国人民全面理解欧盟。

在记者将相关报道和分析提交给自己所在媒体集团的中国总部之后，还需要经过评估和筛选程序。一般情况下，驻布鲁塞尔的中国记者在就某个题目开展工作之前，其所在的布鲁塞尔办事处首先要与中国总部就该问题进行沟通。关于有些选题的计划和建议事前就已提交——这些选题被选中的标准是，它们非常重要，对国际形势或地区形势具有重要影响。这些媒体总部的主编们对欧洲文化和社会生活也很感兴趣，因为这些问题可以吸引大量中国读者。发行量已经成了中国出版物的一个重要衡量标准。主编们也可能会考虑下列标准：新闻的价值、信息来源的权威性、新闻的独家性和新闻本身的意义。

所有驻布鲁塞尔的中国记者都根据中国总部的指导开展工作。笔者根据本人对中国记者进行的访谈，将这些媒体总部希望其雇员在从事新闻报道时所遵守的原则做了如下总结：第一，报道应客观、全面；第二，报道应准确、可靠；第三，报道应及时，新闻记者应"与时间赛跑"，并在发生紧急事件和危机的情况下，尽最大可能及时将新闻报道发回总部；第四，新闻记者应能够就与欧盟和中欧关系相关的热点问题做出深度分析。

中国记者的报道和分析

如前所述，中国媒体总部要求驻布鲁塞尔的记者从各个角度报道欧盟，但应重点关注那些对地区和世界形势具有重要影响的问题。在笔者对中国记者的访谈中，他们都认为，欧洲债务危机、容克计划和难民危机是其面向中国公众的报道中最重要的三个问题。中国驻布鲁塞尔的媒体集团通过音频（中国国际广播电台）、视频（中央电视台）和文章（其他媒体集团）等形式向国内发送新闻报道。在分析中国媒体就欧洲这三个最重要的问题发表的新闻报道时，笔者也密切跟踪了相关的音频与视频报道，发现它们与纸质媒体具有相同的观点。造成这种状况的部分原因在于这些问题本身的重要性，部分原因在于北京总部对于报道内容和报道方式拥有很大程度的决定权。

2008 年以来，债务危机在中国媒体关于欧盟事务的报道中是一个持久话题，而欧盟过去往往被认为是一个富裕、拥有高度完备的福利政策的地区，但经济和金融危机给欧盟带来了巨大问题。中国记者近年来一直密切跟踪这一问题，并且为中国人民提供了一些关于经济和金融危机的深度分析。

2014 年末，容克出任欧盟委员会主席，他提出了一项非常宏伟的投资计划，目的在于"克服投资障碍，提升对投资项目的关注，并向其提供技术支持，同时更智慧地运用新的和现有的财政资源"（欧盟委员会官方网站）。容克计划一出台就引起了中国的关注，它在中国媒体关于欧盟事务的报道中，受到的关注度仅次于债务危机。

在中国记者对欧盟事务的报道中，2015 年欧盟发生的难民危机受到的关注度仅次于前两个问题。从性质上看，前两个问题主要是经济问题，而难民危机的性质则非常复杂。对该问题的分析与对欧盟的国际关系、政治、价值观和规范、宗教，以及经济政策和福利政策等问题的理解息息相关，也与中国媒体工作者自身的认知有关。

欧洲债务危机对欧洲经济造成了长久的不利影响，而受到债务危机影响的国家推进结构性经济改革的步伐却非常缓慢，因此，中国的媒体工作者在对该问题的报道中普遍持批评但却是建设性的观点。对于容克计划及其表达出的改革意愿和致力于改善欧洲经济状况的努力，中国的新闻报道则予以了谨慎评估。就难民危机而言，一方面，中国媒体的报道表达了对欧盟的理解，认为这是一个棘手问题，对欧盟及其成员国都是非常严峻的挑战；另一方面，这些报道普遍批评欧盟行动迟缓，同时认为美国的行动是导致此次危机的深层原因。

一　欧洲债务危机

中国媒体对这一问题的报道始于 2009 年爆发的希腊危机。此后，中国媒体的相关报道和分析与日俱增，其目的在于向中国民众提供关于这一复杂问题的全面分析。在此后的 6 年间，中国媒体关于欧洲债务危机的报道数以千计，绝大多数中国民众——不管他们是否了解欧盟——都开始认识到这一问题。围绕着这一危机，中国媒体试图回答下列问题：危机是如何发生的，危机发生的原因是什么，危机涉及的主要问题是什么，危机涉及哪些国家，这些国家的情况如何，欧盟及其成员国这些年做了些什么，欧盟及其成员国采取了哪些政策和措施应对危机，这些政策和措施是否有效，以及欧盟及其成员国是否已经摆脱了危机。

在所有的媒体报道中，最主要的有：新华网专门开设了一个网页，对欧洲主权债务危机进行了历史回顾；对希腊、爱尔兰、葡萄牙、西班牙、匈牙利、塞浦路斯、意大利、德国、法国、英国和芬兰遇到的问题和实施的政策进行了报道；阐释了与债务危机相关的关键概念以及诸如欧洲稳定机制等措施（新华网，2010 年 5 月）。为了帮助中国民众全面理解欧元区国家的情况，以及欧盟采取了哪些措施，新华社在其网站上发表了一份更全面、篇幅更长的报道（共 10 个网页），而在一般情况下纸质报刊是不可能做到这一点的。该报道详细介绍了希腊、意大利、德国、法国和其他欧元区国家领导人之间的交流和讨论，以及欧盟峰会的情况，它将此前发表的一系列报道整合在一起，对欧洲债务危机问题进行了更为完整的描述和分析。最后，该报道对当前的欧元区体系提出了批评，认为其只有货币政策，但没有财政政策。在中国的分析人士看来，慷慨的福利政策是导致欧洲债务危机的另外一个重要问题：福利与公共支出的增加与欧盟的经济增长并不同步，它造成了欧洲僵化的劳动力市场、停滞不前的工业部门以及不断攀升的政府债务。这些报道也指出，一个稳定的欧元区符合中国的利益，但对于欧洲而言，依赖中国的外汇储备来解决欧洲的问题是不现实的。只有欧洲自己能够救自己（新华网，2011 年 10 月 1 日）。

2013 年，欧洲债务危机成为全世界的一个热点话题。当时中国一些分析人士指出，欧洲债务危机远未结束：法国和塞浦路斯也陷入了负债累累的境地，使得脆弱的经济恢复雪上加霜。虽然经济恶化趋势在短期内得到了遏止，但欧盟要走出债务危机和增长危机，显然需要更多的驱动力（参见田原、王玉柱，2013 年 9 月 22 日）。

中国媒体 2015 年的分析报道认为，危机仍在继续。例如，有报道指出，受到欧洲经济停滞与量化宽松政策的影响，欧元仍在继续贬值，并创下了连续 9 年以来的最低纪录。该报道还指出，尽管这将对中国的出口造成不利影响，但欧元贬值对于赴欧洲旅行的中国游客和在欧盟读书的中国留学生是有利的。结论认为，欧盟还没有走出欧洲债务危机的阴影（周小苑，2015 年 1 月 16 日）。

关于为什么欧洲债务于 2015 年达到新高的原因，有些分析列出了以下一些要点：第一，经济增长低迷导致了诸多财政支出，包括税收减少、提高失业保险以及其他一些支出的增加；第二，为了摆脱经济下行趋势，欧洲国家的政府出台了减税和进一步扩大财政支出的措施；第三，欧元区国家的政府每年均须还本付息；第四，随着欧元区国家的人口老龄化趋势加剧，诸如养老金、医疗照顾以及其他支出不断上升。该分析进一步总结道，欧债危机于 2015 年达到新高的根本原因在于，欧元区国家在欧洲债务危机发生之后经济增长乏力，从而导致经济增长率低于主权债利率，因而最终导致主权债占国内生产总值的比例进一步抬高。该分析向欧元区国家建议，总之，为了遏制主权债水平继续上升，这些国家必须大力促进经济增长，推进国内结构性改革，特别是通过劳动力市场改革来提振国际竞争力（张免，2015年 8 月 5 日）。

二 容克计划

在容克公布欧盟投资计划之后，中国媒体表现出了极大的兴趣。在不到一年的时间内，媒体的报道首先对容克计划进行了介绍，向中国读者解释了这一计划是如何宏大，投资预计将来自哪些部门，以及主要有哪些领域需要投资（帅蓉，2014 年 10 月 25 日）。《经济日报》派驻布鲁塞尔的记者严先生在对容克计划的评论中认为，欧盟的经济形势十分具有挑战性：欧盟成员国的债务比例（债务占国内生产总值的比例）已经从危机前的 60% 提高到 90%，政府公共支出已接近国内生产总值的 50%。因此，欧盟需要更智慧地使用公共资金以刺激投资，同时亟须采取有效措施吸引私营部门资金，以帮助推动经济增长（严恒元，2014 年 11 月 28 日）。

有意思的是，容克计划发布之时，恰逢中国对欧盟的投资迅速增长。同时，中国政府也正在积极地在新丝绸之路沿线推进"一带一路"（OBOR）倡议。新丝绸之路沿线的多个欧洲国家均为中国的目标国家，中国希望与这些国家加强投资与经济合作。因此，中国政府立刻对欧洲的动议表达了强烈的兴趣（陆振华，2014 年 12 月 12 日）。

在 2015 年 6 月底召开的中国欧盟领导人会晤期间，双方同意探讨容克计划与中国"一带一路"倡议的对接问题（《中国欧盟领导人会晤联合声明》，2015 年 6 月 29 日）。在这之后，更多中国媒体开始报道和分析容克计划与"一带一路"倡议的潜力问题。有些分析认为，中国若加入容克计划，并非全无风险。首先，容克计划的前景并不明朗，只有德国、法国、波兰、意大利、卢森堡、西班牙和斯洛伐克等 7 个成员国宣布将向欧洲战略投资基金（European Fund for Strategic Investment）注资。第二，欧盟内部存在着不同声音：主张实行财政紧缩和减少赤字的国家与希望扩大投资和刺激经济的国家之间存在着严重分歧。第三，如果中国被要求向欧洲战略投资基金注资，那么它就将失去对本国投资的主权控制。第四，由于欧盟成员国之间的情况有很大差异，中国在考虑向不同国家的不同项目投资时，需要非常谨慎。例如，西班牙的机场与高铁建设已经达到饱和状态，中国很难再从新的建设项目中获益。容克计划之所以对中国具有吸引力，是因为该计划中包含诸多基础设施项目。如果能够找到好的项目，那么，将中国的投资与这些项目对接就能够带来收益（新华网，2015 年 6 月 29 日）。

还有些人认为，以中国欧盟领导人会晤为契机，中欧合作即将进入一个崭新的发展阶段。例如，有一篇报道认为，中国和欧盟各自的发展战略具有极高的契合度和兼容度。一旦双方的需要和要求实现成功对接，他们各自独特的资源禀赋优势就将得以充分发挥。不仅中国和欧盟，而且其他许多国家也可以从此种合作中连带受益。此外，此种合作不应仅局限于基建联通和传统的经贸关系领域，还应搭建合作开发与资源整合平台，同时积极开拓第三方市场（傅云威、尚军，2015 年 6 月 30 日）。

3 个月之后，2015 年 9 月底在北京举行中欧经贸高层对话期间，中国政府宣布将向容克计划注资。在中欧经贸高层对话上，中欧双方达成了广泛共识，特别是在"一带一路"倡议和容克投资计划对接方面取得了积极进展，双方同意成立工作组，就设立中欧共同投资基金的具体方案进行研究；在该对话中，中欧双方还签署了《关于建立中欧互联互通平台的谅解备忘录》，并讨论了国际产能合作意向。中国媒体骄傲地指出，中国是"第一个投资该计划的非欧盟国家"（吴菁，2015 年 10 月 8 日）。

三　难民危机

2015 年年中以来，欧洲难民问题成为中国媒体的新闻报道和分析中最引人注目的话题。在这一问题上，中国媒体的报道聚焦的问题包括：欧盟在处理难民危机过程中面临的问题（参见刘军，2015 年 5 月 29 日；史泽华，2015 年 8 月 25 日）；难民来自何方；他们为什么要进入欧盟国家；不同欧盟国家当前的情况是什么样的（参见宦翔、任彦，2015 年 6 月 20 日）；欧盟成员国对待难民问题的不同态度；为什么会有这么多难民涌入欧洲，以及导致难民危机的根本原因是什么（参见任彦等，2015 年 8 月 11 日；刘军，2015 年 9 月 16 日；鞠辉，2015 年 9 月 16 日），等等。

在中国媒体关于难民问题的所有报道和分析中，主要有以下几种观点。第一，欧盟的难民危机暴露了成员国的不同态度和利益，也表明欧盟的行动非常迟缓。正如一篇报道指出的，尽管欧盟成员国内政部长一致同意，所有成员国均应分担接收难民的责任，但大多数成员国对于每个成员国应该接收的具体配额持谨慎态度，有些成员国甚至公开反对这一配额，这表明成员国无法"共渡难关"（张兔，2015 年 8 月 26 日）。2015 年 9 月 22 日，欧盟成员国内政部长经由多数投票，通过了一项转移安置 12 万名难民的方案。之后，中国媒体的报道聚焦于东欧国家和西欧国家之间的分歧，并且指出，这项方案仅是临时性的，需要寻求更长远的解决方案（新华网，2015 年 9 月 25 日）。事实上，难民问题将欧盟置于了一种两难境地：其成员国挣扎于道德、良心、能力与机构安排等种种矛盾之间。这也反映出欧洲一体化进程中的困难和问题。尽管如此，根本解决方案是要解决非洲国家（难民输出国）的政治、经济及宗教冲突等各领域存在的问题（张免，2015年9月8日）。

第二，难民危机凸显了欧盟作为一个地区性组织所固有的制度缺陷。在难民危机中，欧盟仅仅起到了一个"协调员"的作用。如果不赋予欧盟在该问题上更大的决策权，那么，难民问题就很难得到解决（宦翔、任彦，2015年6月20日）。欧盟应将该问题作为深化各成员国在司法、内政、移民以及难民避难制度等方面进行合作的机会，同时也是欧盟在内政、外交和安全领域制定更多共同政策的机会（新华网，2015年9月22日）。难民问题也导致多个欧盟国家右翼政党力量上升，而欧洲民众，包括意大利人、英国人和荷兰人等，对难民的厌恶情绪与日俱增，他们担心难民抢走当地人的工作，或占用社会福利（任彦等，2015年8月11日）。

第三，美国和欧盟通过武力向阿拉伯国家输出西方的民主和自由观念，但并没有给这些国家带来和平与繁荣（刘健，2015年10月8日）。难民危机的根源来自美国在伊拉克的单边军事行动，而美国并没有在伊拉克发现它最初期待发现的大规模杀伤性武器。美国意欲在利比亚和叙利亚"恢复秩序"，但它在该地区的行动却只造成了冲突升级、恐怖组织崛起和难民潮（刘健，2015年8月27日）。美国的"新干涉主义"不仅给中东地区及其人民带来了深重灾难，它还将这一责任推给欧洲。经过这场难民危机，全世界均应擦亮眼睛，对美国保持警惕。更重要的是，美国应为该危机负责，不应指望他人收拾烂摊子（吴黎明，2015年9月10日）。到2015年底，美国只同意接收1500名难民，这远远不够。美国应采取积极措施解决这一问题。否则，随着难民危机不断演化，整个世界都将受到影响，而美国也不可能完全置身事外（史泽华，2015年8月25日）。

重新审视中欧关系

　　上文提到的三个问题在目前中国媒体关于欧盟的报道中出现的频率最高。在我们浏览欧洲媒体时，我们无疑也会发现关于这三个问题的大量报道和分析。欧洲债务危机似乎是近几年来一个挥之不去的话题。它迫使欧洲人反思其经济和社会体系中存在的问题，并迫使欧盟成员国实施结构性改革（Alessi and McBride, 11 February 2015）。近年来，欧洲重债国的政策失误与存在的问题被暴露于广大公众面前，但最重要的问题是，欧盟成员国之间在合作和协调方面遇到的困难再次表明了欧盟无法用一个声音说话这一固有问题。同样，难民危机也表明，欧盟并不具备处理成员国间不同利益的足够能力。过去几个月召开的欧盟内政部长会议表明，欧盟仍不够团结，而且，成员国的道德良心与政治意愿并不匹配。就容克计划而言，它是在"为拯救欧元区不致在不断累积的债务重压下走向崩溃而采取了数年救火措施"之后的一项宏大的投资计划（Fleming, 26 November 2014），但该计划的实施仍存在着诸多不确定因素。

　　为什么中国媒体对上述三个问题感兴趣？换言之，为什么这三个问题在中国媒体的报道中受到的关注最多？从表面上看，这三个问题似乎都是纯粹的欧洲问题，但如果我们认真思考，就会发现，这三个问题无疑都会对中国及中欧关系产生影响。

　　经贸合作是中国与欧盟关系的基石。欧盟是中国最大的贸易伙伴，中国的第二大技术提供者，也是中国最大的进口来源地。中国是欧盟最大的进口国，也是欧盟的第二大贸易伙伴。密切关注欧洲债务危机的发展动态，将有助于中国理解欧盟的形势，同时有助于中国在处理与欧盟的关系方面做出适当的政策选择。

　　在欧洲债务危机爆发后的头几年，中国政府积极购买几个欧盟成员国的主权债券。奥特罗－伊格莱希亚斯（Otero－Iglesias）的研究表明，中国在 2010 年和 2011 年"对欧元提供了不遗余力的支持"，并增持意大利、西班牙、爱尔兰、葡萄牙和希腊的国债。中国对欧元的支持主要源于以下一些考虑：保持外汇储备多样化；维持其以欧元计价的债务的价值；帮助欧洲维持市场活力，因为欧洲市场对于中国的进出口具有重要意义（Otero－Iglesias，13 October 2014）。在向欧元区提供财政支持的同时，中国也希望欧盟做出妥协，希望欧盟解除对华武器禁运，并给予中国市场经济地位。但欧盟"并未正确评价中国提供的帮助"（Otero－Iglesias，13 October 2014）。在 2012 年举行的中欧领导人会晤期间，中国前总理温家宝明确表达了他的失望情绪："我不得不非常坦诚地说……我对此深表遗憾，同时也希望欧盟方面采取更积极的措施来解决这些问题"（引自 BBC，2012 年 9 月 20 日）。

尽管债务危机对中欧贸易关系造成了一些不利影响，但却为中国资本进入欧盟市场提供了良好机遇。与其他一些逃离欧洲的投资者相反，中国公司开始进入欧洲，并在一些遭受欧债危机打击最为严重的欧元区国家投资。2010 年，中国在欧盟的直接投资存量刚刚超过 61 亿欧元；到 2012 年底，这一数字增加了 3 倍多，达到了 270 亿欧元（Anderlini，6 October 2014）。

为了向投资者及其资金提供强有力的保护，中欧双方于 2014 年启动了双边投资协定谈判。中国驻欧盟使团团长认为，该协定"将为中欧双方的投资者提供一项更简便、更安全的法律框架，并使中欧合作的潜力得到充分发挥"（引自新华网，2015 年 6 月 29 日）。在中国总理李克强到访欧盟参加中欧领导人会晤期间，他呼吁加快推进这一协议的签署："如果能够尽早达成一项全面、均衡和高标准的投资条约，必将为双方创造机遇，整合各自的力量，并形成新的合作模式"（引自 Kynge and Oliver，29 June 2015）。

容克计划进一步向中国的投资打开了欧洲市场。通过正式向欧盟投资计划注资，中国希望推进中欧互联互通平台的建立，以此为基础，中国正在从"泛欧交通网络"（Trans – European Transport Network）政策中寻找合作机遇，特别是在诸如基础设施、设备、科技和标准制定等方面。

尽管中国和欧盟的经济关系发展迅速，但政治关系的发展似乎经常遇到挫折。中国媒体关于上述三个问题的报道都凸显了欧盟机构的缺陷，以及欧盟成员国在处理这些问题时所持的不同立场和拥有的不同利益。一方面，欧盟本身的性质导致其决策效率低下。

另一方面，中国和欧盟之间的主要政治分歧在于规范和价值观问题，以及它们对全球治理的不同理解。正如对难民危机的分析所表明的，中国认为，正是由于欧盟追随美国向阿拉伯国家输出价值观，才导致了地区不稳定。中国坚持主权和领土完整原则，反对任何国家干涉他国内政。中国强调国家的独立、相互尊重和国际民主。

中国关于多极世界的构想与美国的理念发生了直接冲突，因为后者希望保持本国在国际关系中的主导地位。而欧盟将美国视为盟友，因而很难与中国建立政治信任。尽管中国和欧盟于 2003 年宣告建立战略伙伴关系，但双方关系中仍存在着诸如武器禁运和市场经济地位等诸多敏感问题，导致政治信任很难形成。

总之，在中国和欧盟的经济关系中存在着诸多可以进一步发掘的共同利益，包括金融、投资、基础设施、数字经济和创新等。双方密切的经济相互依存有助于促进伙伴关系的进一步发展。双方都致力于实现可持续经济，并且愿意共享经验，同时努力充分发挥各自在双边合作中的比较优势。然而，中国和欧盟之间构建政治理解的基础尚不够坚实。这种矛盾使得中欧关系可能经常出现曲折跌宕，并且常常受到某些敏感问题的困扰。

参考文献

陈剑：《北京奥运，盈利几何》，《人民论坛》2008 年第 15 期。

《中国拟投入 450 亿创立 CNN 式电视台》，凤凰网，2009 年 1 月 23 日，http://news. ifeng. com/mainland/200901/0123_17_982643. shtml，last accessed on 12 April 2014.

傅云威、尚军：《开启中欧合作新阶段》，新华网，2015 年 6 月 30 日，http://news. xinhuanet. com/world/2015－06/30/c_1115774610. htm，last accessed on 12 July 2015.

宦翔、任彦：《地区动荡加剧全球难民危机》，《人民日报》2015 年 6 月 20 日，http://world. people. com. cn/n/2015/0620/c1002－27185076. html，last accessed on 12 July 2015.

鞠辉：《欧洲难民危机加剧，申根协定面临考验》，《中国青年报》，2015 年 9 月 16 日，http://zqb. cyol. com/html/2015－09/16/nw. D110000zgqnb_20150916_2－07. htm，last accessed on 17 September 2015.

李长春：《努力建构现代传播体系，提高国内国际传播能力》，凤凰网，2008 年 12 月 23 日，http://news. ifeng. com/mainland/200812/1223_17_934711. shtml，last accessed on 12 April 2014.

刘健：《难民危机爆发，美国难辞其咎》，新华网，2015 年 8 月 27 日，http://news. xinhuanet. com/world/2015－08/27/c_128171646. htm，last accessed on 2 September 2015.

刘军：《"分配"还是"分裂"——欧洲国家面临新难题》，《光明日报》2015 年 5 月 29 日，http://epaper. gmw. cn/gmrb/html/2015－05/29/nw. D110000gmrb_20150529_6－12. htm，last accessed on 1 July 2015.

刘军：《欧盟内政部长特别会议未就难民问题达成一致》，《光明日报》，2015 年 9 月 16 日，http://epaper. gmw. cn/gmrb/html/2015－09/16/nw. D1-10000gmrb_20150916_4－07. htm，last accessed on 20 September 2015.

刘军：《这样的"春天"给我们带来了什么?》，《光明日报》2015 年 10 月 8 日，http://epaper. gmw. cn/gmrb/html/2015－10/08/nw. D110000gmrb_

20151008_1－12. htm, last accessed on 12 October 2015.

陆振华:《欧盟 2000 个项目推进容克投资计划》,《21 世纪经济报道》2014 年 12 月 12 日, http://business. sohu. com/20141212/n406880548. shtml, last accessed 12 April 2015.

任彦、管克江、韩秉宸:《历史与现实的双重窘境》,《人民日报》2015 年 8 月 11 日, http://world. people. com. cn/n/2015/0811/c1002－27440302. html, last accessed on 12 September 2015.

史泽华:《欧盟国家为何如何担心难民潮》, 新华网, 2015 年 8 月 25 日, http://news. xinhuanet. com/world/2015－08/25/c_128164913. htm, last accessed on 12 September 2015.

帅蓉:《欧盟领导人支持容克 3000 亿欧元投资计划》, 新华网, 2014 年 10 月 25 日, http://news. xinhuanet. com/world/2014－10/25/c_1112971171. htm, last accessed on 12 September 2015.

田原、王玉柱:《欧债危机远未结束》,《解放日报》2013 年 9 月 22 日, http://news. xinhuanet. com/world/2013－09/22/c_125420050. htm, last accessed on 12 April 2014.

吴菁:《"一带一路"倡议与容克计划对接取得积极进展》, 中国经济网, 2015 年 10 月 8 日, http://intl. ce. cn/specials/zxxx/201510/08/t20151008_665-0955. shtml, last accessed on 12 October 2015.

吴黎明:《难民危机:美国"装修偏执狂"祸害无穷》, 新华网, 2015 年 9 月 10 日, http://news. xinhuanet. com/world/2015－09/10/c_128214834_3. htm, last accessed 20 September 2015.

《欧洲主权债务危机》, 新华网, 2010 年 5 月 7 日, http://news. xinhuanet. com/ziliao/2010－05/07/content_13471764. htm, last accessed on 13 April 2014.

《欧债危机中有各国"脸谱"》, 新华网, 2011 年 10 月 1 日, http://news. xinhuanet. com/world/2011－10/01/c_122111991. htm, last accessed on13 April 2014.

《注资"欧洲基金"? 中国尚待观察》, 新华网, 2015 年 7 月 23 日, http://news. xinhuanet. com/herald/2015 – 06/29/c_134365545. htm, last accessed on 23 July 2015.

《欧洲"创可贴"方案难愈难民伤》，新华网，2015 年 9 月 25 日，http://www. xinhuanet. com/world/jrch/627. htm, last accessed on 27 September 2015.

《难民潮席卷欧洲，是福还是祸?》，新华网，2015 年 9 月 22 日，http://www. xinhuanet. com/world/jrch/624. htm, last accessed on 20 September 2015.

严恒元：《欧盟推出 3150 亿欧元私人投资计划》，《经济日报》2014 年 11 月 28 日，http://paper. ce. cn/jjrb/html/2014 – 11/28/content_223401. htm, last accessed on 12 September 2015.

张免：《为难民"开门"——欧洲能否化解危机?》，新华网，2015 年 9 月 8 日，http://www. xinhuanet. com/world/jrch/614. htm, last accessed on 10 October 2015.

张免：《汹涌难民潮，欧洲为何"束手无策"?》，新华网，2015 年 8 月 26 日，http://www. xinhuanet. com/world/jrch/605. htm, last accessed on 29 August 2015.

张明：《欧债缘何创新高?》，《人民日报》2015 年 8 月 5 日，http://finance. people. com. cn/stock/n/2015/0805/c67815 – 27412842. html, last accessed on 20 August 2015.

周小苑：《欧债危机持续发酵，量化宽松预期影响》，《人民日报》（海外版）2015 年 1 月 16 日，http://paper. people. com. cn/rmrbhwb/html/2015 – 01/16/content_1521352. htm, last accessed on 2 February 2015.

BBC, "China premier Wen Jiabao urges end to EU arms embargo", 20 September 2012, http://www. bbc. com/news/world-asia-19657940, last accessed on 13 April 2014.

Bloomberg News, "China GDP Surpasses Japan, Capping Three-Decade Rise", 16 August 2010, http://www. bloomberg. com/news/articles/2010 – 08 – 16/china-economy-passes-japan-s-in-second-quarter-capping-three-decade-rise, last accessed on 13 April 2014.

Bloomberg News, "China Eclipses U. S. as Biggest Trading Nation", 10 February 2013, http://www. bloomberg. com/news/articles/2013 - 02 - 09/china-passes-u-s-to-become-the-world-s-biggest-trading-nation, last accessed on 13 April 2014.

Christopher Alessiand James McBride, "The eurozone in crisis", *Council on Foreign Relations*, 11 February 2015, http://www. cfr. org/eu/eurozone-crisis/p22055, last accessed 12 April 2015.

Chuck Hadad, "China falls short on Olympic promises, critics say", *CNN*, 12 August 2008, http://edition. cnn. com/2008/WORLD/asiapcf/08/12/china. promises/, last accessed on 12 April 2014.

David Shambaugh, "China's Soft-Power Push: The Search for Respect", *Foreign Affairs*, July/August 2015.

Dong Lisheng, "Chinese Perceptions of the European Union", *Journal of Contemporary China*, March 2014.

European Council/Council of the European Union, "EU-China Summit Joint Statement", 29 June 2015, http://www. consilium. europa. eu/en/press/press-releases/2015/06/29-eu-china-statement/, last accessed on 23 July 2015.

James Kyngeand Christian Oliver, "Li Keqiang pushes for China-Europe investment treaty", *Financial Times*, 29 June 2015, http://www. ft. com/intl/cms/s/0/f0b923c0-1e67-11e5-ab0f-6bb9974f25d0. html#axzz3oRGzS9Kx, last accessed on 1 July 2015.

Jamil Anderlini, "Chinese investors surged into EU at height of debt crisis", *Financial Times*, 6 October 2014, http://www. ft. com/intl/cms/s/2/53b7a268 - 44a6 - 11e4 - ab0c - 00144feabdc0. html#axzz3oRGzS9Kx, last accessed on 12 April 2015.

Jeremy Fleming, "Juncker's 315bn investment plan unveiled: fifteen fold leverage and solidarity for the south", *EurActiv. com*, 26 November2014, http://www. euractiv. com/sections/eu-priorities-2020/junckers-eu315bn-investment-plan-unveiled-fifteenfold-leverage-and, last accessed on 12 April 2015.

John Fox and Francois Godement, *A power audit of EU-China relations*, London: The European Council on Foreign Relations, 2009.

Josh Noble, "China's foreign exchange reserves near record $4tn", *Financial Times*, 15 April 2014, http://www.ft.com/intl/cms/s/0/4768bd3c-c461-11e3-8dd4-00144feabdc0.html#axzz3o4R2mxYs, last accessed on 12 April 2015.

Joshua Chaffin, "EU trade chief feels heat in China solar dispute", *Financial Times*, 28 May 2013, http://www.ft.com/intl/cms/s/0/f25e62ba-c7b3-11e2-be27-00144feab7de.html#axzz3oRGzS9Kx, last accessed on 12 April 2014.

Mark Leonard, *What Does China Think?*, London: Fourth Estate, 2008.

Men Jing, "Chinese Perceptions of the European Union: A Review of Leading Chinese Journals", *European Law Journal*, October 2006.

Men Jing, "EU-China Relations Need More Mutual Understanding", *EU-China Observer*, No. 1, 2009.

Men Jing, "China's Economic Diplomacy and Sino-EU Relations", *Ekonomiaz*, No. 82, 2013.

Pan Zhongqi (ed.), *Conceptual Gaps in China-EU Relations: Global Governance, Human Rights and Strategic Partnerships*, Basingstoke: Palgrave Macmillan, 2012.

Paul C Irwin Crookes, "Resetting EU-China relations from a values-based to an interests-based engagement", *International Politics*, Vol. 50, No. 50, 2013.

Richard Spencer, "Beijing Olympics: Human rights abuses getting worse", *The Telegraph*, 29 July 2008, http://www.telegraph.co.uk/sport/olympics/2469078/Beijing-Olympics-Human-rights-abuses-getting-worse.html, last accessed on 12 April 2014.

Xinhuanet, "Full Text: Press Communiqué between China and France", 1 April 2009, http://news.xinhuanet.com/english/2009-04-01/content_11114649.htm, last accessed on 13 April 2014.

Xinhuanet, "Chinese ambassador eyes closer innovation cooperation with

EU", 29 June 2015, http://news. xinhuanet. com/english/2015 – 06/29/c _ 134366256. htm, last accessed on 23 July 2015.

Zhao Kejin, "Guiding Principles of China's New Foreign Policy", Carnegie-Tsinghua, 9 September2013, http://carnegietsinghua. org/publications/? fa = 52902, last accessed on 1 April 2014.

Zhu Liqun, "Chinese perceptions of the EU and the China-European rela-tionship", in David Shambaugh, Eberhard Sandschneider and Zhou Hong (eds.), *China-Europe Relations: perceptions, policies and prospects*, New York: Routledge, 2008.

第二章
13亿中国人眼中的欧洲：
中国电视剧中欧洲人的形象

瓦莱里娅·瓦里亚诺[*]

摘　要： 总体上看，大众媒体，特别是电视（最容易获得、也是应用最频繁的大众传媒途径之一）在一定程度上反映了某一既定社会中存在的情感和形象，并且能够重塑人们的认知。本文向读者呈现的，是中国的电视节目如何影响中国人看待欧盟和欧洲人的态度，这是一项很有意思的分析。本文分析了两种类型的中国电视剧，它们描绘的是中国人眼中的"欧洲形象"：一类是关于跨国家庭的电视剧，描写的是中国文化和其他文化之间的互动；另一类电视剧表现的是旅居欧洲的中国移民或到欧洲旅行的中国游客的情况，表现的是中国人对欧洲生活方式的认知。本文深入探讨了这些电视剧中刻画的角色与他们所处环境之间的相互作用，目的是评估通过此种方式传达给中国公众的欧洲形象。

---

* Valeria Varriano.

引 言

早在中世纪，意大利教堂中的壁画就描绘了世界上不同地区和国家的形象。自那之后，人们不一定要亲自走出去才能看到世界的样子，因为世界已经向他们走来。在 20 世纪，即电视时代，每个人都能仿若身临其境一般"看"到发生在遥远国家的事情。而在中华人民共和国，其公民在能够出国旅游之前，就已经在电视上看到了世界的样子。但是，直到第一批图像从国外传回中国，并在电视上播放之前，世界在中国观众心中并没有一个固定的形象。

1974 年，美国前总统尼克松访问中国。此后，中国家庭首次在电视屏幕上看到了外国人的形象。最初，这些外国人仅仅是为了证明新闻的客观性而作为新闻背景出现的。后来，通过电视剧中描绘的外国人的日常生活，关于外部世界的其他形象逐渐进入中国家庭的视野。20 世纪 80 年代，电视在中国社会承担的角色越来越接近于那些电视已经流行了很长时间的国家；同样，像这些国家一样，电视剧在中国也是对现实生活的一种隐喻的表现方式。这种表现方式的出现取代了工业社会以前存在的礼仪。正如菲斯克和哈特利所强调的，电视的功能似乎像"一种社会仪式，凌驾于个人特征之上，我们的文化在其中发挥作用，目的是与集体的自我进行沟通"（Fiske and Hartley，1978：85）。他们认为，电视在文化中发挥的是一种类似于"吟游诗人般的功能"，因此，电视节目成为一个具有象征意义的领域，电视观众可以据此编撰一些故事，以解答现代社会中那些令人焦虑不安和含混不清的问题（Turner，2001）。由一个群体向他们自己讲述的、关于他们自己的故事，即各种形式的社会元评论（social meta‐commentary），开创了对现实进行批判性反思的空间。

此外，电视节目提供的元评论并不仅限于来自某些特定地点和时间的个体。正如鲁晓鹏（Sheldon Lu）所说：

> 我们不必将这些文本视为国家的象征，而应将其视为在充满悖论的跨国的、后现代的超现实（transnational postmodern hyper reality）背景下，被想象出来的国家身份的象征。中国与世界其他地区和国家之间的资本、形象与人员的跨国流动，已经为创设民族身份和自我理解开辟了新的渠道（2000：29）。

鉴于电视对自我以及民族和国家具有十分重要的影响，本文试图探讨，在今天的中国，人们如何看待欧洲和欧洲人这一问题。本文的重点在于尝试描述"电视节目中所表现的欧洲人"这一主题。

文化碰撞以及对外国人形象的描述这一现象，应被置于全球化与跨国文化的框架之下。我们需要考虑媒体和传媒研究中常用的三个概念。第一个概念涉及的是全球企业信仰（global corporate ideology），并且假设媒体在传播和推进自由市场及商业化等价值观的过程中发挥了核心作用。根据这一理念，电视剧促进了重商主义和"全球化的世界"这一概念的发展。第二个概念是，全球化造成了权力分配不均衡、新殖民主义的经济结构，以及"文化帝国主义"。跨国电视剧是用来维持目前这种霸权体系的工具。第三种概念将观众置于核心，认为文化产品的成功取决于消费者从某种特定叙事结构中获得的内在愉悦，而不是消费资本主义传达的意识形态信息（Li，2008）。也就是说，叙事结构将成为电视产品能否取得成功的关键要素。

正如下文将详细阐述的，中国电视节目中表现的欧洲形象是以本土文化为基础，经过"剪辑"后的形象。

本文选取的电视剧可分为两类。一类聚焦于跨国家庭，并在家庭生活中对中国文化和其他文化进行了对比；另一类则聚焦于在欧洲生活和工作的中国人的故事。第一类故事的数量无疑要比第二类故事少得多。本文主要对 2000 ~ 2005 年期间摄制和播放的两部电视剧进行了分析，即《涉外保姆》和《情系西西里》。

以国外为背景的电视剧在中国被称为"中国移民题材电视剧"，这些电视剧的主人公是中国的海外移民。本文也对其他两部电视剧进行了分析，它们的收视率都比较高，即 2011 年播出的《情陷巴塞罗那》和 2012 年播出的《温州一家人》（又称《创业年代》）。

一般情况下，这些电视节目常用的叙事模式是系列剧的方式，每集时长为 1 个小时或半个小时，讲述的是同样的角色、相同的背景和相同的戏剧模式。在中国，此类电视节目被称为"电视连续剧"，它们必须有简单易懂的戏剧情节，以及清晰明了的开头和结尾。由于剧中人物的划分标准常常是简单的非黑即白，因此，善恶的分野非常容易识别。在电视剧的叙述中，空间是一种典型的、具有象征意义、像明信片一样清晰明了的形象。为了重新解构欧洲和欧洲人在电视节目中的形象，我们接下来将阐述这些电视剧中主要角色之间的关系变化以及电视剧所发生的场景。

欧洲人在中国

以跨国家庭生活为主题的电视产品一般情况下主要采取以下两种形式：一类是在西方人的家庭中工作的中国人的故事，另一类表现的是跨国夫妻的家庭生活。在上述两种情境下，误解的产生往往是由于电视剧中的外国人对中国人抱有种族歧视和不宽容态度。以维克多·特纳（Victor Turner，2001）的象征人类学（symbolic anthropology）和阐释人类学（interpretive anthropology）为基础，我们可以假设，这些电视剧试图界定和解决的文化冲突发生了变化。

很多年来，在中国生活和工作的欧洲人（以及其他外国人）的角色常常由知名外国演员大山扮演。"大山"是加拿大人马克·亨利·

罗斯韦尔（Mark Henry Rowswell）的中文名字。大山曾经在好几部中国电视剧中担任主演，有时候也会客串一些小配角，在出演配角时，他扮演的角色多为"路人"，因为他的汉语不带任何口音。

然而，《涉外保姆》中的外国人拥有深刻的文化内涵，同时也带有很明显的外国人的口音。无须过多着墨，该电视剧就足以创造一种能够被中国观众分享的"思维定式"。《涉外保姆》这部电视剧由上海电视台制作，剧中有 3 名女主角，都是由于工业体制改革而下岗的女工。① 在某个培训项目的帮助下，这些女工参加了为外国人家庭担任家政服务员的培训，在培训期间学会了从事这项工作所需的基本技能：英语、家庭经济学的基础知识，以及"跨文化礼仪"。随着电视剧情节的发展，中国观众可以通过这 3 名家政服务员的日常工作经历，看到来自不同国家的一些外国人的私密家庭场景。正如李海燕（Haiyan Lee）所指出的：

> 由于个人比公众拥有更具优势的地位，因此，作为一种学徒方式，在外国人家中从事家政服务工作的人员数量翻了一番，这比在外国独资或合资企业工作更能让人们直接了解什么是全球化的本质。中国的精英们曾在长达一个世纪之久的时间痛苦地寻求西方借以获得财富和权力的原因，他们那时关注的是其炮船、大炮、宪法和选举、小说与戏剧，而这些电视剧传达出来的则是这样一种感觉，那就是，我们最终发现了西方财富和权力的真正来源，即作为西方人私人生活和自我基础的价值观和情感。因此，恰恰是中国的这些"保姆们"，而不是那些经理人或秘书，在扮演着学徒和"大使"的角色，他们使中国与世界接轨，而其起点

---

① 《涉外保姆》的编剧为陶玲芬，导演为庄红胜，2001 年由上海电视台、东方明珠国际交流有限公司和上海影视乐园联合出品，2001～2006 年在上海电视台和青海电视台（卫星电视）等多个电视频道播出。

就是家庭生活这一私密终端（Lee，2006：516）。

该电视剧描述的欧洲人是一个英国家庭，即英格拉姆（Ingram）一家人，是一个富裕的中产阶级家庭，出于生意需要和对中国古典文化的兴趣来到中国。英格拉姆姐弟来到中国工作，他们"富有、地位显赫"，并且"赚了很多钱"。但这些外国人对融入中国现代社会并不感兴趣，他们无视中国文化的历史，因此甚至与其中国上司也产生了误解。然而，他们却要求别人完全遵守他们自己的习惯，并且常常认为，中国人之所以不愿意听从他们的命令，是因为中国人有某种"与生俱来的"愚蠢，因为他们不能说流利的英语。然而，充满悖论的是，对于英格拉姆家庭来说，他们恰恰既不会说自己生活的地方的语言，而且似乎也不愿意学习这种语言。

下面的场景表现的是他们不喜欢中国人这样一种态度。家政服务员正准备用一只美味的鸭子做午餐，英格拉姆夫人穿着一身无可挑剔的套装走进了她奢华的大厨房。她看了看炉子上一只锅里正炖着的食物，然后开始抱怨："你是不是想让我喝这个汤？我更想把它从窗口扔出去。"①

下面是她们两个人之间的对话：

——抱歉，英格拉姆夫人，我没有听清刚才您说什么？

——不关你的事儿。

——英格拉姆夫人，英格拉姆先生非常非常喜欢老鸭汤。您不知道吗？嗯，非常非常喜欢。嗯，美食，食物，那做什么吃呢？请您告诉我。

——汤、沙拉、意大利面，有很多很多东西都可以做。

---

① 笔者引用的是英文字幕。

——抱歉，我不知道这些东西。

——天哪！我怎么像是在跟一个弱智说话！米琪!? 你必须像毛一样努力学英语。

——您说得没错，我的确必须像毛一样学习英语，但您也必须像丹妮丝·莫尔（该电视剧中的另外一名外国人——译者注）一样学习汉语，这是在中国，您难道不知道吗？

——我恨中国人，我恨中国字，它们看上去就像是"鬼画符"。

（《涉外保姆》第 11 集）

后来，英格拉姆夫人又多次重复提到学习英语的必要性，同时也反复陈述学习汉语是没有用的。英格拉姆一家对其家政服务人员表现出了根深蒂固的轻视。有很多场景表明他们多次用英语嘲弄那个可怜的家政服务员。例如，英格拉姆家 5 个没有礼貌的孩子将家里弄得一团糟，而这名家政服务员则绝望地试图保持房间整洁。这些孩子甚至充满恶意地称其为"傻瓜"、"驴"、"弱智"等，当然，她并不理解这些称呼。

英格拉姆一家对中国人的态度完全出于偏见，这一点通过他们的冷漠和孤立得到了证实。他们这样一种态度掩盖了对保姆的不信任，也掩盖了他们想要欺骗保姆的心思。我们在该电视剧中看到，英格拉姆一家人一边品茶一边观看自己拍摄的保姆工作时的录像。在录像中，保姆发现了他们藏起来以检验自己是否诚实的那些珠宝（《涉外保姆》第 10 集、第 11 集和第 12 集）。最后，为了不向保姆支付报酬，英格拉姆家庭指责她打碎了一个珍贵的中国古代瓷盘，而最终真相大白，这个瓷盘只不过是一个普通的仿制品，根本不值什么钱。换句话说，英格拉姆家庭是排外主义者的代表，心中只有他们自己，而且也不诚实。

正如林桦在其《丑陋的欧洲人》（*The Bad Europeans*）① 这本畅销书中所指出的：

> 可以不夸张地说，英国整个民族的许多特征都与岛国文化息息相关：他们的保守、封闭、高傲、排外、优越感，以及征服世界的全部动力和可能性就因为她是一个岛国（Lin，2002：138）。

上述引文表明，认为英国人不够宽容、念念不忘征服世界的野心，这不仅仅是英格拉姆家的保姆一个人的观点。多米尼克·戴斯越（Dominique Desjeux）、郑丽华和安妮·苏菲－博伊萨德（Anne Sophie Boisard）在其著述②中分析了中国人对欧洲人的看法。他们指出，接受他们访谈的中国人不管是否喜欢与其有一定交往的那些英国人，但普遍认为这些英国人"绅士、有教养、很优秀"。他们将绅士形象与传统联系在一起，特别是英国人的自豪感："英格兰人骄傲、保守，并且总是不忘昔日的大英帝国"（Desjeux，Zheng and Boisard，2003：105）。

这些受访的中国人认为，英国的传统在培养英国人的道德品质方面发挥了积极作用，但这一传统却造就了一种假想的文化优越感，在此意义上，它又成了一种限制因素。

《情系西西里》③ 是一部26集电视剧，其中6集在意大利卡塔尼亚（Catania）拍摄，其余20集在中国杭州拍摄。剧中的意大利人与

---

① 该书标题暗指台湾作家柏杨（本名郭衣洞）1985年出版的一本著名散文集。该书作者林桦曾经就读于北京、上海和巴黎的三家名牌大学，并从事过记者、跨国公司律师和法学教师等多个职业。该书曾被译成法文。

② 他们的访谈对象为广州市受过高等教育的中上层中产阶级（Desjeux，Zheng and Boisard，2003：14）。

③ 《情系西西里》由意大利布斯金电影公司（Buskin Film）与北京新影视文化公司2004年合作拍摄，导演李威（Varriano，2010）。

英格拉姆一家人一样，守旧、保守。该剧讲述的是一个意大利人和一个中国人的婚姻最终破裂的故事。这对夫妻与他们的儿子雅各布及丈夫的母亲一起住在杭州的一座现代别墅。

由于妻子（意大利人）的初恋情人来到杭州看望前女友，这个家庭的微妙平衡被打破。妻子由于无法忍受丈夫经常不在家，同时也很难处理与婆婆之间的关系，因此决定带着儿子回意大利。观众是通过中国和意大利这两个国家之间的文化差异来理解这对夫妻之间的分歧的。剧中"真实的意大利"被浓缩在少数几处外景和两所房子的少数几个房间之中。在其中一个场景，女主角的父亲，一位意大利贵族家庭的后裔，驾驶的汽车是一辆蓝旗亚（Lancia Ardea）。这实在是有些荒唐，蓝旗亚是 1939 年至 1953 年意大利生产的著名汽车品牌，车门上带有徽标，而且方向盘在右侧。剧中关于西西里城市生活的不真实场景还有很多。关于乡村的描写同样是胡编乱造。在该剧中，意大利农民的穿着打扮极似 19 世纪的农民，而且他们还在用棍子敲打树木这种古老的方法采摘橄榄。

总之，《情系西西里》中呈现给观众的西西里看上去还是 19 世纪的某个地方。在电视剧中，沙龙是标志性的场景，人们点着蜡烛进餐，听着唱片机中播放的音乐，厨房里满是铜制器具和木制炉子，人们还在使用手摇式电话机，沉重的带有褶皱的窗帘自房顶垂悬而下。意大利被描写成工业化之前的国家，这个国家有脏兮兮的破败宫殿，贵族们在房间的每个角落都放有剑和毛瑟枪，以捍卫其家人和朋友的荣誉。

对于《情系西西里》中的意大利人而言，他们的理想是享受工作和生活，而享受生活是成功的首要因素。这种生活方式是世界上其他所有国家都羡慕和梦寐以求的。

该剧之所以表现不同国籍夫妻之间的冲突，其原因是希望借此揭示他们在文化认同方面的差异。《情系西西里》中有两对夫妻，即雅各布的父母和祖父母。在第一对夫妻中，妻子是意大利人。她是一个固执和充满梦想的女性，无法理解自己的丈夫，因为她"还没有理解中国人的文化和生活方式"（《情系西西里》第 2 集）。她无法认识到，她丈夫的全部工作，都是对夫妻之爱的表达。对她而言，婚姻和爱情意味着无论疾病还是健康、无论顺境还是逆境、无论欢乐还是忧伤，双方都必须是忠诚的伙伴，也就是说，对她而言，婚姻和爱情就等同于夫妻二人所有时间都要在一起。而剧中第二对夫妻的问题则是对"隐私"和"家庭"等概念的理解不同。

欧洲人对隐私的理解可以做如下界定："与我的生活有关的信息是敏感的，也是个人的，只属于我自己。在没有得到我的明确告知或允许的情况下，没有任何人可以看到或获得这些信息。"（第 5 集）这一界定与中国人理解隐私的方式形成了鲜明对比："与你的生活有关的信息就是我们的信息，我们愿意与所有家庭成员分享这些信息，它们对其他家庭成员是开放的，特别是对于一家之主而言，因为他必须事事关心。"（第 5 集）

最后，在该电视剧中，意大利人被描述为非常容易受情绪影响，并容易采取过激行为。他们的情感和反应都过于激烈，而这种过激行为导致了失败。他们"粗暴、固执、以自我为中心"，是"浪漫的梦想家"，可以为爱情放弃一切，但无法在浪漫主义的理想与家庭观念之间找到平衡。由于无法实现情感上的平衡，他们的优点也往往变成了缺点（Varriano，2010）。他们对情感不加控制的表达与中国的"中庸理念"正好相反，在中国的哲学传统中，"中庸"是"用来衡量行为的最高道德准则"。

在该剧的最后一集，那位欧洲的贵族老爷成了茶馆的一名侍者，而他女儿的婆婆则成了他的"黄昏恋人"。这一结局十分荒诞。

在中国的其他一些电视作品中，也出现过与上述电视剧中关于欧洲人的理念相同的一些描述。这一方面证明，电视作为一种以娱乐观众为目的的"游吟诗人",表达的是普遍常识——这也正是葛兰西(Gramsci)希望看到的;而另一方面,它表明,电视剧中表现的拥有不同文化背景的个人之间的关系既是对真实国际冲突的简化,也是针对后者的一种解决方式。

中国人在欧洲

1993年,电视剧《北京人在纽约》的播出在中国引起轰动,该电视剧也开启了以中国海外移民生存状况为创作题材的时代。在该电视剧获得成功之后,中国拍摄了大量此类题材的电视剧:《上海人在东京》、《迷失洛杉矶》、《在悉尼等我》、《别了,温哥华》、《夫妻时差》(背景为加拿大多伦多)等。但在这些电视剧中,没有一部是以欧洲为背景的,因为欧洲当时还不是中国人向海外移民的主要目的地,而仅仅是旅游目的地。法国、西班牙和意大利等国家还没有被中国人作为可以出国赚钱的目的地,相反,只是由于有亲属在这些国家,或者是因为这些国家的艺术或足球传统才吸引着中国人前往。

直到东西欧的分野成为过去,欧洲才出现在中国的电视剧之中。中国在欧洲拍摄的第一部电视剧是1999年福建东南电视台制作的《走入欧洲》,根据一部小说改编,导演黄克敏。该电视剧的主人公来自浙江省青田县,这里的人很早就有移民欧洲的传统。该电视剧描述的是家族管理式的移民规则与现代移民的个人主义之间产生的冲突。一个"海外华人家庭"与在中国的表亲达成协议,同意表亲的女儿到意大利与他们在意大利出生的儿子结婚。但女孩对此一无所知,在与其寄居的家庭发生一系列冲突之后,女孩私奔了,但私奔对象并不是与她一起来到意大利的前男友,而是偷了女孩的护照、后来又悔过自新的"蛇头"。① 该剧的男主角，即女孩的前男友，穿着一件破烂的 T 恤、身无分文地到了巴黎。几个月之后，他已经在一家由"老一代"海外中国人开设的公司中担任了管理人员。他建议一家法国艺术机构开设中国艺术馆。他用流利的法语宣传中国的改革，并告诉那些法国人，他已经获得了中国大使馆的支持和来自中国的资金。法国人被深深打动，同意了他的建议。他的职位很快超过了他以前的恩人，也就是他从前的老板（Nyíri，2005：165）。

这部电视剧开启了反映中国人在欧洲生存状况的"新移民"文学时代。在中国的电影中，欧洲一般被称为"新天地"，这是一个双关语，指代的是由于"老"欧洲与美洲的关系而形成的旧世界与新世界的根深蒂固的裂痕。"新移民"是中国官方和媒体常用的一个词，用来指代那些 1978 年之后离开中国的中国人；这一形象也代表着那些具有全球意识的现代"新"人类，但他们同时也具有中国人的一种真正的民族特征。这些人在全球资本主义经济中获得了成功，并且在那些象征着现代化和权力的国家拥有了具有经济和政治影响力的地位（Nyíri，2005）。

中国在新千年拍摄的电视剧多以 20 世纪 90 年代以美国为背景拍摄的电视剧为原型。随着资本、形象、意识形态在全球范围内的流动速度越来越快，以及进行国际旅行的可能性越来越大，世界既变得越来越熟悉，同时也变得越来越陌生。一方面，在全球化的推动下，中国开始在欧洲拍摄电视节目；另一方面，欧洲国家对中国电视节目中传达的欧洲形象也越来越感兴趣。

例如，《西班牙之恋》② 是首部中国和欧洲国家合拍的电视剧，

---

① "人蛇"指的是非法移民，而"蛇头"则是指人口贩运者。"据传，如果一个蛇头每次只贩运一个'人蛇'，那么后者就极有可能在途中死亡。但如果蛇头一次贩运多名'人蛇'，那么他们就会互相依靠，而且所有人都能安全抵达目的地。"（Zai Liang，2001：681）

② 该剧最初的西班牙文名称为《上海的秘密》，而中文名称为《情陷巴塞罗那》。

由西班牙加泰罗尼亚电视台和上海文广新闻传媒集团上海新文化影视制作中心联合出品，并在中国和西班牙两国的电视台共同播出。该剧试图展现对中西两国电视观众都具有吸引力的中国和西班牙。①

我们看一下该电视剧是如何表现室外场景的，就可以知道制作者为了迎合中国和西班牙两国观众做出的努力，但两国观众的喜好存在着明显的差异。很显然，《西班牙之恋》融合了西班牙人所希望展示的巴塞罗那作为旅游城市的一面（剧中出现了诸多旅游景点，如建筑天才高迪［Gaudi］设计的建筑物、斗牛场景、兰布拉大街【Rambla】、沙滩和海洋等），但它同样也反映出，中国人希望推介一个尊重现代大都市电视标准的欧洲国家：该剧展示了宽阔的街道、摩天大楼、宽敞的私人住宅、豪华汽车，以及其他跨国电视剧中常见的令人目眩的时装。

该剧既是一个推理故事，也是一个关于移民历史的故事。它用两条线索讲述了百万富翁林百年及其私生女李燃的故事。他们发现双方在巴塞罗那比邻而居，但并不知道彼此的真实身份。

《西班牙之恋》深入探讨了"富有移民"的故事，或者说那些在20世纪末世界经济扩张过程中获得成功的移民的故事。"富有移民"适用于各个不同时代的移民。一方面，现实生活中的确有林百年这样的人，他们20世纪80年代初从上海附近的一座城市移民到西班牙，经过奋斗成为西班牙最富有的阶层之一。另一方面，该剧也描述了更年青一代移民的状况，如剧中的陈氏兄弟。他们在中国出生，为逃避黑帮的追杀和躲避赌债离开中国。他们在美国读书，获得了绿卡，而且很快就在从事新经济的大公司成为管理人员。

在故事的开头，林百年被查出患有严重的心脏病，他回到中国寻

---

① 2011年，该剧在西班牙加泰罗尼亚电视三台（Televsion de Catalunya T3）播出，同时也在中国的卫星电视台上海东方卫视以及所有主要的在线播放平台播出。

找前妻留下的女儿，并与女儿一起回到了巴塞罗那。但是，在中国，林百年先是被为其办理寻女事宜的民政官员欺骗，后来又被为了出国而冒充其女儿的年轻越剧演员欺骗。与此同时，他的亲生女儿李燃只身前往西班牙寻找未婚夫陈涵。陈涵是在他们举行婚礼的当天失踪的。她坚信未婚夫在西班牙，因为她非常了解他对足球的热爱，特别是巴塞罗那俱乐部和梅西。

在这部电视剧中，通过那些危险重重的逃跑、阴谋以及来自香港黑帮的威胁等情节，观众有机会了解中国优秀商人的情况，如剧中的陈氏兄弟，他们之所以逃到西班牙，是因为西班牙是"拥有世界上最先进企业文化的国家之一，在这里开设新企业的速度甚至比在美国还要快"（第11集）。而且，"因为西班牙拥有完善的企业基础和巨大的增长机遇，而美国则不同，那里的经济已经趋于饱和"（第13集）。

我们在《西班牙之恋》中看到的欧洲主要体现在其机构方面。剧中为数不多的一些中国人以外的角色都是围绕着主人公的活动展开的，而且，这些角色都是执行公务的官员，主要是警官。剧中的警官在进行调查时都特别熟练，而且效率很高。然而，《西班牙之恋》中表现的高效的警察体系与欧洲宽容的多种族社会这样一种形象，在电视剧《温州一家人》①中则被完全颠覆。在《温州一家人》中，我们看到了关于意大利警察的滑稽场景，这让我们联想到康曼西尼（Comencini）的《木偶奇遇记》（Pinocchio）。《温州一家人》中的一位主人公几乎复制了这一奇遇：阿雨是来自温州瑞安农村地区的一名十几岁的女孩，父亲强迫她到意大利去谋生。

阿雨在法国和意大利两个国家生活。在该剧的描述中，这两个国家似乎并没有太大差别，甚至似乎说同样的语言。而且，这个年轻女孩既能在意大利普拉托（Prato），也能在巴黎毫无困难地读书。

---

① 《温州一家人》是一部36集电视连续剧，2012年11月开始在中央电视台一套播出。

她的情人,一个名叫里奥的法国年轻人,也能毫无障碍地将其律师工作从巴黎转移到意大利,在哪里工作似乎只取决于他的心在哪里。在这部电视剧中,法国和意大利的情况似乎就是他们的中文名字所表达的含义:法国是法治国家;而在意大利,每个人想的则几乎全是利益。

在法国的经历让阿雨颠覆了从前的观点。以前她认为,法国是一个能够提供"更多赚钱机会"的充满朝气的国家(第13集),并且"尊重自由和平等,在这里,你只要拥有足够的智慧,并支持竞争,那么任何事情都是有可能做到的"(第23集)。她后来发现,自己所处的国家是一个通过法律实行专横统治的国家,而司法则通过复杂的机制和卡夫卡式的官僚机构限制了她所有商业项目的发展。

相反,在意大利,阿雨遇到的是由企业家操控的公共舆论。这些企业家采用了巧妙的排外宣传,这种宣传甚至能够对政策产生影响,从而对阿雨的动议构成了障碍。在《西班牙之恋》中,西班牙是一个多种族国家,只要遵守该国法律,它就会为每个人提供平等机会。但在《温州一家人》中,在意大利和法国,由于公众对外国人持有偏见,导致后者受到了一定约束。同样的法律,在西班牙是保障每个人权利的工具,但在法国则成了针对外国人的难以克服的"武器"。

《温州一家人》这部电视剧没有国外投资,而且,为了达到最佳收视效果,它对欧洲人的肯定程度要更少一些,这一点是可以理解的。尽管如此,与诸如《北京人在纽约》等在美国拍摄的电视剧不同,这些电视剧表明,在欧洲国家,人们还是可以取得成功的,也可以实现和谐共处,即使像女主角一样要克服诸多困难。

该剧也肯定了电视节目在推进自由市场与重商主义的价值观方面发挥的作用,《温州一家人》的情节是它作为电视产品获得成功的关键所在。

但是就中国电视节目中的欧洲形象而言，最突出的一个问题是其代表性有限。中国电视剧中的故事几乎很少是确确实实在欧洲发生的。在这些电视剧中，移民法、全球经济以及企业精神等诸多要素不是被简单化了，就是被错误地描述，甚至被完全忽略了。

虚构的文学作品为理解我们生活的这个世界提供了有价值的素材。而电视剧则要对我们个人生活和社会生活中存在的问题进行评析和重塑，但它并不一定是完全准确的，有时候甚至是被扭曲的。本文所做的简短分析，其目的在于抛砖引玉，让我们能够进一步思考如何减少以中国为中心视角的电视叙事方式，以避免产生歪曲事实的风险。西班牙加泰罗尼亚电视台和上海文广传媒集团新文化电影与电视剧制作中心似乎成功做到了以更均衡的方式讲述一个欧洲国家的故事及其文化。

中国观众也认识到，有必要以更均衡的方式描述其他国家的情况。目前，中国的一些博客对正在考虑移民的中国人提出了警告，告诫电视观众要辨别电视节目中描述的某些所谓“现实”的不真实之处。这些博客也指出，在没有居留许可的情况下在欧洲创业有多么困难。

参考文献

陈旭光、王欣涛：《近年中国电视剧的“创意”研究——以几部热播剧为个案》，《电视研究》2010 年第 6 期。

高满堂：《温州一家人》，作家出版社，2012。

李桦：《丑陋的欧洲人》，中国发展出版社，2002。

李威：“电视连续剧《情归西西里》导演阐述《情系西西里》”，http://www.cctv.com/download/teleplayvip/ qxxxldycs.doc, last accessed on 12 April 2013.

严前海：《中国移民题材电视剧的解读》，《现代传播——中国传媒大学学报》2009 年第 5 期。

Arjun Appadurai, *Modernity at Large: Cultural Dimension of Globalization*, Mineapolis: University of Minesota Press, 1996.

Dominique Desjeux, Zheng Lihua and Anne-Sophie Boisard, *Comment les Chinois voient les Européens - Essai sur les représentations et les valeurs des Chinois*, Paris: Presses Universitaires De France, 2003.

Florian Schneider, *Visual Political Communication in Popular Chinese Television Series*, PhD dissertation, University of Sheffield, 2008.

Haiyan Lee, "Nannies for Foreigners: The Enchantment of Chinese Womanhood in the Age of Millennial Capitalism", *Public Culture*, No. 18, 2006.

Huang Ya-chien, "Pink dramas: reconciling consumer modernity and Confucian womanhood", in Zhu Ying, Michael Keane and Bai Ruoyun (eds.), *TV Drama in China*, Hong Kong: Hong Kong University Press, 2008.

James Lull, *China Turned on Television, Reform and Resistance*, London: Routledge, 1991.

Janice HuaXu, "Family saga serial dramas and reinterperattion of cultural traditions", in Zhu Ying, Michael Keane and Bai Ruoyun (eds.), *TV Drama in China*, Hong Kong: Hong Kong University Press, 2008.

John Fiske and John Hartley, *Reading Television*, London: Methuen, 1978.

Julie D'Acci, "Television, representation and gender", in Robert Clyde Allen and Annette Hill (eds.), *The Television Studies Reader*, London and New York: Routledge, 2004.

Kong Shuyu, "Family matters: reconstructing the family on the Chinese television screen", in Zhu Ying, Michael Keane and Bai Ruoyun (eds.), *TV Drama in China*, Hong Kong: Hong Kong University Press, 2008.

Li Zeng, "Global imaginary, local desire: Chinese transnational serial drama in the 1990s", in Zhu Ying, Michael Keane and Bai Ruoyun (eds.), *TV Drama in China*, Hong Kong: Hong Kong University Press, 2008.

Lin Hua, *Coups de baguettes sur la fourchette*, Paris: L'Harmattan, 2004.

Lisa Rofel, "The melodrama of national identity in post-Tiananmen China", in Robert C Allen (ed.), *To Be Continued: Soap Operas around the World*, London and New York: Routledge, 1995.

Liu Kang, "Searching for a New Cultural Identity: China's soft power and media culture today", *Journal of Contemporary China*, Vol. 21, Issue 78, 2012.

Marie Claire Huot, *China's New Cultural Scene—A Handbook of Changes*, Durham and London: Duke University Press, 2000.

Pal Nyíri, "The 'New Migrant': State and Market Construction of Modernity and Patriotism", in Pal Nyíri and Joana Breidenbach (eds.), *China Inside Out: Contemporary Chinese Nationalism and Transnationalism*, Budapest: Central European University Press, 2005.

Pal Nyíri, "Struggling for mobility: migration, tourism, and cultural authority in contemporary China", in Stephen Greenblatt (ed.), *Cultural Mobility: A Manifesto*, Cambridge: Cambridge University Press, 2009.

Robert Clyde Allen, "Frequently asked questions—A general introduction to the reader", in Robert Clyde Allen and Annette Hill (eds.), *The Television Studies Reader*, London and New York: Routledge, 2004.

Sheldon Lu, "Soap Opera in China: The Transnational Politics of Visuality, Sexuality, and Masculinity", *Cinema Journal*, September 2000.

Stephanie Hemelryk Donald, Micheal Keane and Yin Hong (eds.), *Media in China—Consumption, Content and Crisis*, London: Routledge Curzon, 2002.

Valeria Varriano, "Gli italiani nell'immaginario cinese: scene di un serial televisivo", in Paolo De Troia (ed.), *La Cina e il mondo*, Roma: Nuova Cultura, 2010.

Victor Turner, *The Anthropology of Performance*, Baltimore: Johns Hopkins University Press, 2001.

Zai Liang, "Demography of Illicit Emigration from China: A Sending Country's Perspective", *Sociological Forum*, January 2001.

Zhong Xueping, *Mainstream Culture Refocused*, United States of America: University of Hawai'i Press, 2010.

Zhu Ying, Michael Keane and Bai Ruoyun (eds.), *TV Drama in China*, Hong Kong: Hong Kong University Press, 2008.

第三章
电子治理如何塑造
欧洲人心目中的中国形象

包玫兰[*]

摘　要： 本文的主题是在电子治理框架下对中国的官方网站进行评估，目的是探讨这样一种沟通工具是否能够为改善欧洲（即欧盟国家）民众对中国中央政府的了解和认知提供机遇。本文的研究假设是，用户获得信息以及电子服务的方式越便捷、质量越高，越有助于提升欧洲公民对中国政府的信任度。本研究首先就欧洲用户通过何种方式进入中国官方网站，以及他们对后者的看法开展了一项实证研究，并在此基础上得出了结论。本研究的抽样群体是与中国有一定关系的，并在商业、科研、旅游或公共服务等行业或领域工作或学习的人。本文中的数据是通过在线调查的方式收集到的。抽样群体总共包括143名调查对象。研究发现，欧洲公众认为，在是否容易获得信息和电子服务、信息和电子服务

---

* Mireia Paulo – Noguera.

的质量以及可信度之间存在着正相关关系，而在信息的质量和形象的改善这两者之间也存在着正相关关系。

数字时代：沟通过程的空间与时间边界已被改变

通过传达和共享信息，因特网已经成为一种新型交流方式，同时也是一种获得在线服务的新方式。因特网在日常生活中的作用在不断扩展，而且也在不断加强整合，此外，由信息与通信技术带来的机会也在不断增加，使得政府不得不制定旨在对信息、服务和数字设备的获取进行控制的政策框架。这一现象改变了沟通过程的时间和空间界限。

对于很多国家的政府而言，透明和开放都已成为关键问题。因特网的应用给各国政府和社会带来了新的机遇和挑战。这项技术使得透明政策动议（transparency policy initiatives）和公民动议得以与政府部门直接互动。欧洲媒体关于中国的报道，特别是关于其执政党的报道，往往充斥着诋毁中国的负面因素，中国政府已经认识到了这一状况，正在努力改善其形象和沟通战略。因此，我们有必要开展实证研究，以便探讨可以在多大程度上将信息技术作为一个具有潜力的出发点，以此提升中国和中国政府在国外公众眼中的形象及可信度。

从前开展的绝大多数此类性质的研究都是以新闻学和沟通方法及其理论为基础。本文的创新之处在于，笔者尝试以电子治理视角下的公共管理方法为切入点。电子治理的目标有 5 个。[①] 但由于篇幅所限，本文只对这 5 个目标中的两个进行深入探讨，即电子治理在改进公共服务和获取信息方面的作用。本文将通过分析中国政府官方网站的质

---

① 电子治理的 5 个目标是：优质和具有成本收益的政府行为；改进公共服务；增强公民的参与度；及时更新信息政策框架；以及行政改革与机构改革。

量以及是否方便用户获得信息和服务等问题，来探讨电子治理对于欧洲民众对中国政府的看法及信任程度会产生什么样的影响。

本文提出的问题包括：中国中央政府和地方政府出于什么原因，以及通过哪些方式改进官方网站？欧洲用户如何看待中国的官方网站？我们从中国政府在欧洲的形象这一问题中能够得到哪些经验教训？中国的电子治理战略在改善欧洲民众对中国政府的认知和信任度方面能够发挥哪些作用？

本文认为，信息技术，特别是互联网的应用，为中国政府提供了改变欧洲公民认知的机遇。电子治理的实施有助于提供公共服务与管理，也有助于公众获取信息。此外，如果能够让公众更加便捷地获得信息，则有助于增强欧洲民众对中国政府的正面认知，同时有助于改善中国的形象。

本文分为9个部分。第二部分通过整合一些主要概念和理论，解释了本文的概念框架。第三部分描述了本文所采用的模型和假设。第四部分解释了此项初步实证研究采用的方法。第五部分简要分析了中国互联网和电子治理的发展情况。接下来，第六部分阐述了欧洲人对中国形象的认知。第七部分说明了从这项实证研究中得出的数据。第八部分对实证研究的发现进行了分析。结论部分指出了现有研究的缺陷，以及对未来研究的启示。

跨界沟通的新视角

数字时代为交流和沟通提供了新的信息技术工具和方式。本文的目的在于检验欧洲公众对中国政府形象的认知和对中国政府信任度，因此，本文除了通过认知理论和沟通理论，以及我们经常使用的概念，如信任、认知和形象等来分析这些问题，还引入了公共管理这一新视角（Möllering，2001）。

一 电子治理：信息与电子服务

电子治理（E - governance）是指，在包括公共部门和其他部门在内的多个政府层级应用信息技术进行治理（Howard，2001）。信息技术的应用既可支持公共服务和政府管理，也支持公民之间和私营部门与国家之间的关系发展（Zheng，2013）。郑磊认为，电子治理可以承担 5 个方面的功能，且这五个方面互有关联：优质和具有成本效益的政府行为；改进公共服务；增强公民的参与度；及时更新信息政策框架，以及行政改革与机构改革。本研究借用联合国教科文组织的如下定义：

> 我们可以将"电子治理"理解为，通过电子方式实施治理，目的在于促进以有效、快速和透明的方式向公众和其他机构传播信息，并开展政府管理活动。一般认为，电子治理这一概念的内涵比"电子政府"概念更宽泛，因为它能够给公民与政府的互动方式以及公民之间的交往方式带来变化（UNESCO，2005）。

互联网新技术为重新构建政府与公民之间的关系，以及形成公共服务支持社区提供了机遇（Hughes and Wacker，2003）。根据这一观点，一种新的工作方式得以形成，即所谓的"公共管理"，它强调消费者的满意程度，强调公务员的工作要致力于满足服务对象的需要。该方式以私营部门提倡的以顾客满意为服务指导方针这一实践为基础（Pollitt，1990；Barzelay，2001；Hood and Heald，2006；Meijer，2012）。随后，在此基础上，又发展形成了另外一种工作方式，即"新型公共服务"（new public service），也就是说，公共服务必须为所有公民服务，而不是像私营部门那样，只为付费客户提供服务（Denhardt and Denhardt，2007）。由于本研究探讨的是中国政府向国外用户提供的电子服务和信息这一问题，因此，本文的理论框架将沿用关于新型公共管理的主流话语，其核心在于"改进向个人客户提供的服务，实现服务一体化，并将服务与用户的体验联系起来"（Meijer, 2012：6）。

二　透明度、可信度和认知度

信息技术被认为是推动形成透明度的一种重要驱动力，因为信息技术往往与政府网站对当前问题的信息发布联系在一起。关于"透明度"这一术语有诸多定义，但几乎所有定义中都包含如下要素，即一个机构的信息公开程度，而这些做了公开的信息与其决策过程、程序、运行状况及业绩有关（Wong and Welch, 2004；Gerring and Thacker, 2004；Curtin and Meijer, 2006）。格林姆里克休伊森将这一定义所涵盖的范围做了进一步阐释，他指出："透明度是指，某一政府机构积极公布信息，以使外部行为体能够监督该机构的内部运行情况或工作业绩"（Grimmelikhuijsen 2009：6）。

本文以互联网为媒介探讨透明度问题。由于在线上传信息的成本很低，而且不受时间和空间的限制，因此，有人认为互联网使公众得以更加便捷地获得官方数据（Grimmelikhuijsen, 2009）。信息的发布包括官方文件、会议纪要、与政府业绩有关的出版物、政府决策等（Meijer et al., 2012）。信息透明被认为是实现更优治理，特别是提升可信度的一种可能方式（Norris, 2001；Oliver, 2004；Hood and Heald, 2006）。然而，对于信息透明能否带来更高程度的信任以及更开放的政府文化这一问题，学者的争论十分激烈。政府的某个缺陷可能会演变成政治丑闻，并因此降低人们对政府的信任程度（Hood and Heald, 2006）。但到目前为止，以信任度与透明度之间的关系为主题的实证研究并不多见（Tolbert and Mossberger, 2006）。本文采用的是梅耶尔（Meijer, 2012）提出的关于透明度框架的社会－政治建构理论，该理论涉及认知程序、战略程序和机构程序。梅耶尔在其著作中指出，社会与政治的发展能够影响透明度，反之亦然。

透明度与信任度的相互关系也与以下两个变量息息相关：即可靠性和认知度。比格利和皮尔斯（Bigley and Pearce, 1998：411）认为："随着人们对于某个特定的'他者'越来越熟悉，对于这些'他者'的认知就将成为其思想和行动的主要推动力。"然而，在无法获取相关信息的情况下，无论人们——在本文中指欧洲的公众——的知识有多么渊博，他们也只能依靠自己的核心价值观做出判断（Spears and Haslam, 1997）。这样一来，对于中国情况的了解——即个人掌握的关于某一问题的信息和对该问题的理解——就在构建信任方面发挥着一定作用，而对于中国的了解则主要来自于公开信息这一途径（Alsaghier et al., 2009）。对于与"他者"有关的各个方面情况的了解和熟悉程度，将为个人对相关问题的判断提供分析思路。因此，本研究假设，信息透明能够让欧洲公众对中国有更多了解。然而，获得更多关于中国政治和政策的信息能够自动转化成为对中国政府更大程度的信任，或者能够改善中国在欧洲民众心目中的形象这一假设，仍然需要得到验证。

在研究网络信息是否可靠的过程中，弗莱南金和麦茨格尔（Flanagin and Metzeger, 2007）认为，需要对以下三个与可靠性有关的要素进行分析，即信息、网址和主办方。"信息"的可靠性取决于与信息本身有关的各个方面的因素，例如信息的质量和准确度。"网址"的可靠性取决于网址本身的诸多特征，例如视觉辅助工具或者上传到该网站的信息的数量。"主办方"的可靠性取决于对网站主办方的认知，本文中的"主办方"指的是中国政府（Grimmelikhuijsen, 2009）。就本研究而言，首先澄清主办方和信息的可靠性是十分必要的，因为人们对于中国政府的认知受到了很多先入为主的因素的影响。也就是说，某人在浏览中国政府的官方网站时，他/她是否会认为相关信息是可靠的？而且，这种认知是否会影响他/她对相关信息的信任？欧洲公众是在他们所获取和理解的信息的基础之上，形成了对中国政府可信度的认知，因此，在数据的准确性、数据是否容易获得，以及透明度和对可信度的认知等诸多因素之间存在着因果关系。而这一点，与在线信息的可靠性息息相关。

三　信任与形象

到目前为止，以信任和形象为分析主题的著作和文章数不胜数。然而，由于篇幅所限，本文仅分析那些可以借助问卷调查得到验证和落实的因素。

尽管目前关于"信任"的定义千差万别，但绝大多数定义中都包含以下两个要素："信任期待"（confident expectations）和"脆弱意愿"（willingness to be vulnerable）（Mayer et al. , 1995）。本研究所指的"信任"指，对"他者"可信度的认知（Mayer et al. , 1995；Mishra, 1996；McKnight and Chervany, 2006）。因此，本文开头部分就假设，欧洲公民对中国政府形象的认知在很大程度上受到以下 6 个因素的影响（Delhey and Newton, 2005）：普遍化的社会信任、被感知的价值差异、认知动员、被传达的形象、民族主义，以及跨群体交往。

"普遍化的社会信任"将对陌生的个体和对其他民族（"他者"）的信任联系在一起。"被感知的价值差异"是指，共有的价值观能够推动人们在社会交往中形成信任，并使其保持下去。中国和西方在价值观方面的差异似乎影响到了欧洲民众对中国政府的信任。第三个因素"认知动员"指的是，目前，拥有足够政治技能和资源的公民越来越多，他们有能力依靠这些技能和资源理解政治，同时也有能力在不依赖外部意见的情况下自主做出决定。随着欧洲公众对中国政治和文化的了解越来越宽泛，他们中的一些人掌握了中文技能，并且在中国生活过一段时间，这些个体（"欧洲公众"）对"他者"（中国政府）就能够有更好的理解。在这种情况下，外部环境作为影响因子的决定作用就不那么重要，因为个人更相信自己拥有的知识和了解。第四个因素，即"被传达的形象"，指的是以外部信息来源为根据，对"他者"先前形象的一种认知。在这种情况下，我们指的是某个个体认为最重要的信息来源（例如中国政府的官方网站、朋友、同事、教授、电视新闻等）传达出的关于中国或中国政府的形象。这类信息来源随后就会影响到个体对于中国政府可信任程度的认知。第五个要素是民族主义，即认为本群体更具有优越性，不是认为其他群体在道德上低于本群体，就是认为其他群体是一种威胁，或者至少是不太值得信任的。欧洲中心主义观念导致欧洲人对"他者"的评价过低，认为中国政府是不值得信任的行为体。最后，"跨群体交流"说明的是，对"他者"的了解越多，越能增强对后者的信任程度。换言之，随着欧洲民众对中国政治和政策的了解和理解越来越多，信任程度也会随之增加，并因此减少误解和对威胁的感知。

布莱维尔（Brewer）的研究表明，信任是形象塑造过程中的一个关键因素，对于公民形成对外部行为体的认知具有重要影响（Brewer and Steenbergen, 2002; Brewer, 2004; Brewer et al., 2004; Brewer et al., 2005）。一个行为体在另外一个地区公众心目中的形象取决于诸多因素，例如政治体制、价值观和认同，以及历史等。里普曼（Lipmann）的"认知吝啬者"（cognitive miser）模式认为，人类往往没有时间、能力和动机去理解世界的全部复杂性（Spears and Haslam, 1997: 172）。"认知吝啬者"（个人、欧洲民众等）的信仰体系中包含一系列核心价值观，并因此影响着"他者"的形象，而这一形象反过来又对欧洲民众看待"他者"某些特定事物的态度产生着影响（Hurwitz and Peffley, 1987）。

该领域的学术研究将下面三种启发式认知（cognitive heuristics）作为"认知吝啬者"的组成部分，即思维定式（stereotypes）、认知图式/模式（schemata）和形象（image）（Spears and Haslam, 1997; Delhey and Newton, 2005）。形象与思维定式都属于认知吝啬者信仰体系的范围，拥有一些类似于图表的特征（Alexander et al., 1999）。戴尔希和牛顿（Delhey and Newton, 2005）认为，形象包含三个特征。第一个特征是，其本质是理性的，回答的是"他们与我们是什么关系？"这一问题。第二个特征是，抽象评估维度的数量是有限的，例如，对于威胁的认知和对于可信任程度的认知。最后一个但不是最不重要的特征是，将其他群体视为一个整体。

先前的一些研究表明，公众对于国外事务的看法在很大程度上取决于他们对外国人及其政治体的印象（Hurwitz and Peffley，1990；Schafer，1997）。根据赫尔魏茨和培弗利（Hurwitz and Peffley，1990：6）的观点，"认知吝啬者"以其对外国人及其政治体的印象为基础，以便努力"简化复杂的国际环境，并以此引导针对特定国家的认知以及对后者做出的回应"。有些学者认为，对信任程度的认知是塑造国际形象的关键因素（Hurwitz and Peffley，1990；Brewer and Steenbergen，2002）。与此同时，研究表明，国际信任对于塑造公民对国外事物的看法具有重要影响（Brewer and Steenbergen，2002；Brewer，2004；Brewer et al.，2004）。

模型与假设

本研究最初提出了三个假设，这三个假设将通过在线调查得到验证（更详细的信息可参见第七部分）。与此同时，本文也将对研究中提出的模型进行验证。提出这一模型的目的是尝试探讨以下问题，即，如果改进中国政府官方网站提供信息和电子服务的质量，并改善获得这些信息和服务的方式，那么，这将以何种方式影响透明度、可靠性和可信度？通过这种方法，我们就可以验证这三个要素的影响是否能够改善人们对"他者"的印象。

假设1：电子治理有助于信息发布和改进在线公共服务，这对透明度和可靠性将产生直接影响。本文第二部分提出的观点认为，改进在线服务并向国外用户直接提供服务，这将对"他者"的透明度和可信度产生影响。是否能够获得信息以及令人满意的电子服务，与可靠性这一概念直接相关。

假设2：信息获取将改善欧洲公民对中国政府可信任程度的认知。中国政府官方网站上相关信息和电子服务的获取方式越便捷、质量越高，欧洲人对中国政府的信任程度也就越高。信息发布能够让人们相信，政府没有隐瞒任何事情，从而提高公众对其诚实度的认知。

假设3：电子治理为促进中国政府在欧洲人心目中的正面形象提供了机会。这一论点认为，欧洲公民拥有一套核心价值观，这些价值观影响着他们认知的中国政府的形象，而这一形象反过来又影响着欧洲公民对中国政府官方网站的态度。换言之，欧洲公民以他们对中国官方网站是否具有可信度的印象作为认知启发因素，用来评估中国政府的形象。

为了让这一复杂的理论框架更为直观和简单易懂，笔者绘制了一幅概念图，涵盖了对我们所分析的一些主要因素产生影响的所有变量和维度。（图1）

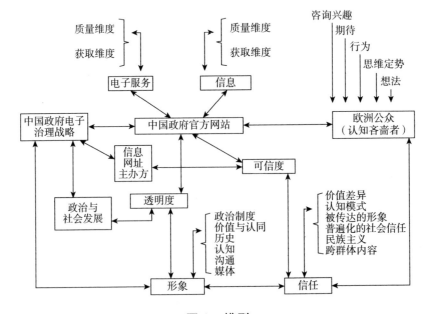

图1 模型

方　法

本文以通过在线调查方法开展的一项实证研究为基础。由于时间有限，再加上这项研究的对象本身就是在线工具，因此，此种方法被认为最适合用于探讨欧洲公众对中国政府官方网站的看法。本研究的目的是尝试证明，在信息和电子服务的获取及其质量方面，以及关于可信度和形象的认知这两者之间存在着正相关关系。

一　方法的创新性

电子治理一般情况下研究的是政府机构与公民之间的互动关系，但本研究表明，电子服务以及中国政府与国外民众之间的信息流动，是能够用于改善欧洲公民对中国政府信任度和印象的一项潜在工具。

二　调查问卷的形成

在该领域，此前还没有人从事过类似研究，因此笔者必须自己设计调查问卷。共有 13 个欧洲国家的 143 名调查对象参与了这项调查。按照参与人数的多少排序，调查对象所涉及的国家依次为：西班牙、瑞典、芬兰、丹麦、比利时、德国、爱尔兰、意大利、法国、英国、奥地利、瑞士、保加利亚、爱沙尼亚和塞浦路斯。这些调查对象一共浏览了总共 20 家中国政府官方网站。①

---

① 调查对象所浏览的中国政府官方网站包括：Chinese embassy（china‐embassy. org/eng/hzq），Chinese Ministry of Foreign Affairs（http://www. fmprc. gov. cn/eng/default. shtml），Ministry of Commerce（http://english. mofcom. gov. cn/），Ministry of Science and Technology（http://www. most. gov. cn/eng/），People's Bank of China（http://www. pbc. gov. cn/publish/english/963/index. html），Central People's Government（English. gov. cn），Shanghai Government（http://www. shanghai. gov. cn/shanghai/node27118/index. html），Beijing Government（ebeijing. gov. cn），Hanban（http://english. hanban. org/），National People's Congress http://www. npc. gov. cn/englishnpc/news/），（转下页注）

　　受本项实证研究的主题所限，调查对象仅限于与中国有过一定接触的欧洲公民（无论是通过学习、经商、旅行还是从事公务员工作等途径）。之所以选择这种方法，其原因在于时间有限，而且也没有资金开展更大范围的调研。由于调查对象事前曾与中国有过一定接触，因此，我们假设调查对象之前曾经浏览过中国政府的官方网站，而这一点很可能已经对他们关于中国政府的看法产生了某种影响。因此，本研究的发现有很大局限性，它无法反映所有欧洲公民的倾向性。然而，笔者从事的此项探索性研究首次为在电子治理框架下研究中国政府的官方网站提供了一种框架和方法，这样，我们就可以更好地理解电子沟通工具能够在中欧关系的发展中发挥哪些积极作用。本研究是另外一项关于欧洲公民对中国认知的范围更广的探索性研究的一部分。

　　我们通过各种网络社交媒体发布和张贴在线调查的链接，其中包括高等院校、在中国开展活动的欧洲商会、以中国为目的地的欧洲旅行社，以及与中国同行一起工作的欧洲专业团体。愿意参与调查的人可以访问一个专门网站，并匿名填写调查问卷。

　　调查问卷总共包含 29 个问题，分成四个部分：调查对象的个人信息及其与互联网的关系；对于获得信息的便利程度与信息质量的评估；对于获得电子服务的便利程度及其质量的评估；对可信度和形象的认知。

　　本调查问卷探讨新技术动议如何推动中国政府形成一项政策框

（接上页注①）State Administration of Taxation（chinatax. gov. cn），National People's Congress（NPC. gov. cn），National Natural Science Foundation （http://www. nsfc. gov. cn/；http://www. nsfc. gov. cn/publish/portal1/），SASAC （http://www. sasac. gov. cn/n2963340/index. html），State Council（http://english. gov. cn/links/statecouncil. htm），International Department of the central committee of the CPC（http://www. idcpc. org. cn/），China Insurance Regulatory Commission（http://www. circ. gov. cn/Default. aspx？alias = www. circ. gov. cn/english），China e – port（http://www. chinaport. gov. cn/），Confucius China Studies Program（ccsp. chinese. cn）.

架，以便解决信息的获取、透明度，以及问卷调查对象所认为的"数字红利"（digital divides）等问题。

透过快速增长的信息技术市场力量评判电子治理

当前，互联网和电子市场得到了飞速发展，并进入了繁荣时期。信息技术已经成为中国经济发展的一部分。青年一代迅速接纳了社交媒体，成年人也在以前所未有的程度将互联网融入日常事务和个人交流等需求之中。中国的互联网市场正在为经济增长开辟新的商机。然而，中央和地方政府的管理工作仍然主要依赖于传统沟通方式。

互联网在过去 20 年间经历了繁荣发展，它目前非但并未进入停滞阶段，恰恰相反，中国已经拥有了世界上规模最大的在线社区。中国互联网络信息中心（China Internet Network Information Center, CINIC）的数据表明，到 2013 年年中，中国的互联网用户达到了 6 亿人左右（CINIC, 2013）。尽管用户数目庞大，但中国似乎尚未能跻身互联网渗透率最高的前 50 位国家之列。根据"互联网世界统计"（Internet Word Statistics, IWS, 2011）发布的数据，要跻身这一排行榜，使用互联网的用户需要超过人口总数的 65%。在这方面，排名第一的是冰岛，互联网渗透率为人口总数的 97.8%；德国排名第 16 位，比例为 82.7%；西班牙排名第 49 位，比例为 65.5%。而在中国的不同部门，新数字时代经历了不同的发展速度，发展程度也不相同。

信息技术为社会的各个部门都带来了巨大的机遇。诸如智能电话、平板电脑和计算机等信息技术设备蓬勃发展，它们通过刺激与该领域相关的工业部门、改善公共服务，以及提升作为一个整体的国民经济，促进了社会经济的进步。最为重要的是，信息技术带动了公共与私人价值的形成，使人们不仅能够获取信息，而且能够以更便捷的方式获取公共服务。由于公民和企业对互联网的应用日益频繁，使得中国政府不得不去探索和应用这种新的交流渠道。中国政府作为管理者，必须为所有公民服务，而不论其收入、所在地域或受教育水平如何。由于中国幅员辽阔，且不同地区之间千差万别，因此这一任务十分复杂。鉴于上述原因，在资源和基础设施都已到位的情况下，在电子治理框架下采用信息技术向全体人民提供公共服务，这似乎是一种可行的方式（Bertot et al.，2012）。然而，在行政管理工作中引入变革总是一件十分复杂的事情，在中国也是如此。

中国政府的头等大事是改善治理方式。我们注意到，中国政府已经开始致力于在中央层面和地方层面实现政府管理的数字化。中央政府的宣传部门认识到，相较于报纸或宣传册，网站能够在信息传播方面创造更多机会。我们可以随时随地从互联网获取信息，而且成本低廉（Wang and Lim，2011；Lovelock and Cartledge，1999）。建设一个网站所需的基础设施包括三组网络，即内网、外网和特殊网络，再加上一个数据库系统。这些基础设施的建设分为三个阶段：办公自动化、"十二金"工程，以及政府在线（Zhaoxing，1999）。

1994 年，中华人民共和国国务院启动了"三金工程"[①]，这是一项信息工程，后来扩大到现在的"十二金工程"。这 12 个项目全部与政府办公业务的信息应用系统有关，例如水资源管理、食品监管、统计信息的实时传送等。最后一个阶段即"政府在线工程"，共包含 4个特定目标：到 1999 年底，超过 30% 的中央部委和省级政府应用互联网；到 2000 年底，超过 60% 的中央部委和省级政府应用互联网，超过 80% 的国有机构实现在线办公；到 2001 年底，所有国家机构，包括驻外使领馆，均实现在线办公（Qiu，1999）。该项目得到了后续多项行动的支持，例如 2000 年被命名为"政府在线年"（Zhang，

---

① 更多信息可参见 http://mic.iii.org.tw/english/research/pop_Doc.asp? doc_sqno = 1412.

2001）。

自从中国政府 1999 年启动"政府在线工程"以来，官方网站的数量与日俱增（Junhua，2001）。根据中国互联网络信息中心的报告（CNNIC，2009），1998 年中国仅有 145 家以 gov.cn 为后缀的域名，到 2008 年底，以此为域名的官方网站达到了 45555 家。在这一工程框架下，还建设了一个政府内网系统，以供所有中央政府机构共享信息。这一内网的开通，为无纸化办公提供了必要的前提条件。内网的内容包括，共享在线信息、政府采购竞标、福利支付、信息报送中心、信息的管理和发布、税收与数字识别等（Zhaoxing，1999；Zhang，2001）。

中国政府应用电子治理的核心目的不仅是为了增强民主和公民的参与度，同时也是为了改善公共服务和管理，即在一个现代化的社会中，对服务进行既实用又有效的管理。

欧洲人对中国的认知

对于很多欧洲人而言，中国是一个遥远的地方，只有少数欧洲人曾经到过那里，因此，媒体对中国形象的塑造起着关键作用，这一点不可避免。但在媒体关于中国的新闻报道中，其普遍动力主要来自于一些负面问题，如严重污染、腐败丑闻、人权纪录，或者与非洲的关系等，从而加剧了欧洲公众对中国的负面认知。

英国诺丁汉大学曾就欧洲人对中国的认知开展过一项全面研究，这是到目前为止，对这一问题最为全面的论述。英国广播公司全球新闻频道 2012 年开展的一项在线调查表明，过去 10 年间，在全球范围内，对中国持正面观点的比例呈下降趋势（BBC News Europe，2013）。当然，由于欧盟是由多个欧洲国家组成的，不同成员国对于中国的认知并不相同。例如，希腊等国对中国的评价一直很高。

2008 年爆发的国际金融危机对欧洲人关于中国的认知产生了重要影响，他们转而以更加务实的态度看待中国，双方关系也更加密切。绝大多数欧洲国家，特别是这些国家的政府，都欢迎与中国发展更密切的经济关系（Ross，2012）。但也有些人表现出了对这个亚洲巨人的恐惧和其他负面情绪。

皮尤研究中心"全球观点项目"（PewResearch Global Attitudes）的调查结果表明，世界金融危机改变了人们对世界经济力量对比的看法。例如，53%的英国人和 59%的德国人认为，中华人民共和国是世界上最重要的经济体；33%的人认为美国是最重要的经济体，仅有 14%的人认为欧盟是最重要的经济体。欧洲人普遍认为，在未来几年，中国将超过美国成为第一大经济体。欧洲媒体的报道与学术界的研究常常以中国公司在欧洲市场的活动为主题，其中包括匈牙利的主要化工制造企业和葡萄牙的前国有能源公司（Vaïsse et al.，2012）。

此外，欧洲媒体常常报道那些能够煽情的新闻或故事，而这些新闻通常是消极的，或者有可能对某一特定行为体的形象造成负面影响（Van Pinxteren，2013）。这类新闻在全世界普遍存在，而中国更是西方媒体负面报道的对象。

问卷结果

目前，还没有任何一种令人满意的方式可以用于衡量某个国家的形象。对于信任度和风险、可靠性或期待等所有这些变量的认知都是看不见摸不着的，而且，只有随着时间的推移，我们才能发现某一国家形象的变化所产生的结果。尽管如此，本项探索性研究仍尝试对这一研究领域提供一些启示。

一 调查对象的个人情况

本调查问卷的第一部分旨在了解调查对象的个人情况（见表1）。在本问卷的全部143名答复者中，有37.3%的人年龄在25～34岁之间，这也是比例最大的一个群体；接下来是35～44岁这一年龄段，占总人数的25.5%；65岁以上年龄段的调查对象所占比例最少，仅占2%。而调查对象的性别分布极不均衡，男性占绝大多数，达到了72.5%。在学历方面，调查对象绝大多数拥有大学及以上学历，其中，本科学历占21.6%，硕士学历占37.3%，博士学历占31.4%。

表1 调查对象的个人情况

性别		调查对象总数	
女性	27.5%	11 个国家	143 人
男性	72.5%	年龄及所占比例	
受教育程度		25 岁以下	23.5%
中等教育	9.8%	25－34 岁	37.3%
学士	21.6%	35－44 岁	25.5%
硕士	37.3%	45－54 岁	9.8%
博士	31.4%	55－64 岁	2.0%
其他	0	65 岁以上	2.0%

资料来源：作者自制。

调查对象在中国的经历是一个非常重要的因素。有98%的人回答说曾经到过中国：其中16%的人在中国停留的时间不足1个月；但有42%的人曾经到过中国5次以上；有50%的人曾经在中国停留过1年以上。这一结果并不出人意料，因为本次在线调查关注的正是与中国有过密切接触的欧洲公民，不管他们是出于工作、学习还是休闲娱乐等原因。相反，令人出乎意料的是，调查对象掌握中文（普通话）的程度相对较高：回答其中文（普通话）水平为"基础"级别的人所占比例为36%，这也是比例最高的一个群体；而回答其中文（普通话）水平为"高级"的为24%（见表2）。

表2 调查对象在中国的经历

是否曾经到过中国		到过中国的次数	
是	98.0%	1 次	16.0%
否	2.0%	2 次	26.0%
中文（普通话）水平		3 次	12.0%
完全不懂	10.0%	4 次	4.0%
初级	36.0%	5 次	0.0%
中级	30.0%	5 次以上	42.0%
高级	24.0%	不知道	0.0%

资料来源：作者自制。

绝大多数调查对象都曾经使用过移动设备浏览中国政府的官方网站（88.3%），相反，仅通过计算机这种传统方式浏览中国政府官方网站的比例仅占35.3%；"在家中浏览中国官方网站"的比例最多；接下来是在大学校园浏览中国官方网站，比例为39.2%；而在工作场所浏览中国官方网站的比例为35.3%。就访问网站的频率而言，调查对象并不经常访问中国政府官方网站；有将近半数的调查对象回答说，他们每6个月才访问1次中国政府官方网站，甚至还有人记不清上一次浏览中国政府官方网站的时间；只有36.1%的人每周至少访问1次。调查对象访问中国政府官方网站的主要目的分别为：学习（52.9%）、科研（50%）、旅游（32.4%）和商务（29.4%）（见表3）。

表 3　访问中国政府官方网站的情况

访问网站所使用的设备		上网地点	
个人电脑	35.30%	家庭	68.60%
笔记本电脑	66.70%	工作	35.30%
平板电脑	5.90%	大学/研究所	39.20%
智能手机	15.70%	访问网站的目的	
其他（请注明）	0	学习	52.90%
访问频率		商务	29.40%
每周一次	36.10%	科研	50.00%
每月一次	19.40%	旅游	32.40%
每半年一次	22.20%	政府事务	8.80%
记不清	22.20%	其他	2.90%

资料来源：作者自制。

研究发现，人口统计学方面的一些特征，例如年龄、性别和职业等，对于解释公民对信息技术类新闻的认识和应用，及其对中国政府官方网站的应用情况具有重要影响。

二　获取信息的便利程度与信息的质量

本调查接下来分析的是，中国政府官方网站的信息是否容易获取，以及这些信息的质量如何。需要注意的是，有9%的调查对象没有回答这一问题，也就是说，回答这部分问题的只有130人。

调查对象按照不同的等级对获取信息的便利程度打分①。问卷结果表明，出于学习目的访问中国政府官方网站的调查对象对信息获取的便利程度和时效性的评价最高，其比例分别为40%和22%；他们

---

① 评分级别包括：非常同意、部分同意、不同意、部分不同意、强烈反对、既不同意也不反对、不清楚。

选择的选项是"部分同意"。而在信息获取的便利程度和信息更新是否及时这两个方面,出于工作目的访问中国政府官方网站的调查对象(企业和科研群体)则大多选择"部分不同意"或"强烈反对"。

在清晰度和网站内容的分配方面,不同年龄层次的调查对象给出的评价存在着很大差别。这表明,不同群体对信息的理解方式并不相同。例如,在视频辅助工具以及内容的分配是否恰当这一问题上,绝大多数年轻人选择"强烈反对"或"部分不同意"。与此相关的一个发现是,42%的调查对象认为,他们寻找的信息是可靠的,值得信任。这一群体多数以学习和商业为目的;与此相反,以研究和旅游为目的的群体给出的答案则五花八门。关于信息是否有用的问题,持肯定答复的调查对象比例要高一些,有40%的人选择"部分同意",37%的人选择"既不肯定也不否定"。即使是这样,仍然有将近半数的调查对象强调,他们必须同时查询其他信息来源,才能找到他们想要寻找的信息。

调查结果表明,有41.8%的调查对象首先通过网络查找信息。与此相关的一项分析表明,这些调查对象根本没有或仅具有初级语言技能。一个有意思的事实是,个人交往被认为是促使调查对象尝试获取官方信息的最重要途径;更有意思的是,选择这一选项的调查对象主要是女性(无论其语言水平如何)和具有中高级语言技能的男性。在年龄(25 岁以下)和受访者通过何种社交媒体网络作为获取信息的首选渠道(5.88%)这两者之间,存在着正相关关系(图1)。

在所有调查对象中,有52.94%的人强调中文与英文官方网站之间的差别;但有44.12%的调查对象不知道这两者之间是否存在差别。在后一类人群中,汉语水平较低的调查对象占的比例更高,而且他们只是偶尔浏览一下中国政府的官方网站。

大多数调查对象认为,目前存在的关键问题在于,中国政府官方网站用于信息发布和交流的语言主要为中文。很多网站只是将部分内

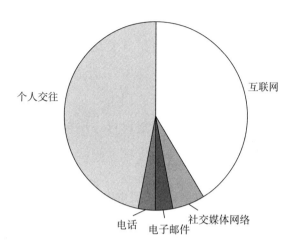

图 1　获取中国官方信息的最佳交流渠道

容译成外文，而且译文也不是完全准确。此外，调查对象认为，大多数网站使用的语言风格僵硬、单调，且存在着前后不一致的问题。因此，外国人并不主要依靠中国官方来源获取信息。调查对象提出的第二个关键问题是，信息更新普遍不及时，这一点导致有些网站的数据并不可靠。最后，有些调查对象指出，部分网站的形式和内容也存在问题，使用起来不太方便，而且发布信息的方式也有待改进，用户很难找到他们需要的信息。有些调查对象认为，网站设计和图片的质量一般，看上去似乎"是高校学生而不是专业人士制作的"。

在这里，有必要指出调查对象提出的一些改进建议，例如，"应实施一种更均衡的沟通战略，应让那些在中国生活的外国人参与进来，而这类群体在中国的数量越来越多"。其他一些建议包括：消除语言障碍；允许网民提供匿名反馈；开设特定邮箱以收集网民的意见等。

三　获取服务的便利程度与服务质量

在线调查的第三部分对中国政府官方网站所提供服务的便利程度与服务质量进行了评估。在问卷的所有答复者中，有 12% 没有回答这一部分的问题，因此，用来评估这一问题的抽样数量为125份。

调查结果显示，半数以上的受访对象从未填写过要求提供某项服务的在线申请表，有71.4%的人从未在任何官方网站上要求或申请过任何在线服务。在申请过在线服务的调查对象中，他们希望获取的主要服务类型有：申请签证、申请居住许可、填写学习表格（申请政府奖学金）、企业注册和税收事宜（表4）。

表 4　在线服务申请

是否填写过在线服务申请表格		所申请服务的类型
是	40.0%	申请签证
否	60.0%	居住许可
是否通过中国官方网站申请过在线服务		学习申请（中国政府奖学金）
是	14.3%	企业注册
否	71.4%	税收服务
如果答案是"是"，请注明具体事项	14.3%	婚姻

资料来源：作者自制。

由于多数调查对象都未曾申请过任何电子服务，因此，在回答获得服务的途径是否便利这一问题时，比例最高的答案是"不清楚"。这是很自然的。尽管如此，数据表明，有4个方面的问题获得的评价比较高，即"部分同意"。这4个问题是：网站的连接（38%）；内容的清晰度和视觉辅助工具（36.5%）；信息的总体质量（35.5%），以及获得所要求服务的便利程度（41%）。其中两个得分最低的选项仍然是语言障碍以及网站的使用方面不太方便。这很可能是由于很多调查对象的汉语语言水平较低，而且，翻译成外文的内容比较有限。因此，对很多外国人来说，获取服务是比较困难的。

在对服务质量进行评价时，回答"不清楚"的受访者所占比例也是最高的，原因与上一个问题相同。获得评价最高的一个问题是在技术支持的保障方面，有41%的人回答"既不同意也不反对"，有16%的人回答"部分同意"。换言之，在使用过电子服务的调查对象中，有50%的人接受过技术支持，而且对此比较满意。服务成本问题也是获得较高评价的一个方面，有24%的调查对象回答"部分同意"，有21%的人回答"既不同意也不反对"。隐私与安全系统问题得到的评价相当高，有54%的调查对象表达了对这一问题的肯定：年龄层次最低的两个群体评价最高。与此相应，调查对象评价较低的一个问题涉及的是对所请求服务的满意程度，其评价标准包括服务的结果、时间、信息的数量和信息的可读性等。

在被问到是否曾经向任何中国官方网站提供过反馈信息时，所有调查对象的回答都是否定的。然而，在问到他们是否曾经向本国政府的官方网站提供过反馈信息时，有14.71%的人给出了肯定答复。他们提供反馈意见的目的是为了澄清相关信息和内容。这一事实表明，不管是与本国政府还是其他国家的政府，公民都较少与政府进行互动，通过互联网进行互动的情况就更少。

四　对可信度和形象的认知

由于此项探索性研究的目的是对中国政府的官方网站进行评估，以便更好地理解，此种沟通工具对于改善欧洲民众对中国政府的信任度和形象的认知能够提供何种机遇，因此，此项在线调查最后一部分的目的是，以欧洲公民访问的中国政府官方网站的信息和服务的便利程度及其质量为基础，对上述问题进行评估。同样，有12%的调查对象没有回答本调查问卷的第四部分，也许原因是他们也没有回答第三部分。

正如图2所显示的，绝大多数调查对象在查询与中国有关的信息时并没有应用中国政府的官方网站。相反，有84.85%的调查对象通

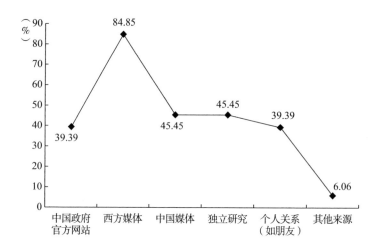

图2 用于阅读中国新闻的信息来源

资料来源：作者自制。

过西方媒体去获取相关信息，只有39.39%的调查对象通过访问中国政府官方网站获取相关信息。在信息来源方面，中国政府网站与人际关系得到的评分相同。独立新闻与中国媒体获得的评价相同，均为45.45%。

最后，绝大多数调查对象认为，透明度越高，人们就越有可能信任某个政治行为体。与此类似，信息的质量越高、获得信息的途径越便利，中国政府在欧洲民众心目中的形象就越正面。事实上，改进获得信息和电子服务的便利程度，并提高其质量，应该能够有助于改善中央政府和地方政府的信任度和形象。

讨论与启示

实施电子治理工程将给所有申请在线服务和在线搜索信息的公民带来益处。其中最突出的一些益处包括：减少排队等候的时间；24小时全天候在线；服务更有效、更简便、更快捷；通过减少税收负担降低服务成本；减少行政官僚成分；行政管理更加以公民为核心，并且更具凝聚力；增强行政程序的透明度；采取更全面和对公民更负责任的政府行动。

尽管存在着上述种种机遇，但正如本调查结果表明的那样，中国政府的官方网站往往还受到诸多问题的限制，特别是与可用性和语言相关的问题（不恰当的翻译、不容易操作等）、信息匮乏或信息不相关，以及用户很难找到需要的信息或服务，等等。本调查发现的另外一个问题是，对这些网站没有统一的指导方针，因而导致这些网站对互联网用户的吸引力并不高。然而，网站的发展取决于中国每个政府机构或部门都重视信息技术的应用，同时需要重视与包括国外用户在内的网民进行沟通和交流。

如前所述，本文探讨的是中国互联网中存在的一些突出问题，以及中国的电子治理战略，同时也探讨了欧洲人对中国的认知。本探索性论文的目的是，通过对电子治理框架下的中国政府官方网站进行评估，以便更好地理解，在改善欧洲公众对中国政府的信任度和形象的认知方面，这样一种沟通工具能够带来什么样的机遇。为实现这一目的，本文对中国政府官方网站提供的信息及在线服务的便利程度及其质量进行了实证分析。

本研究并不包括 Web 2.0 技术，因为中国政府针对国外用户的沟通战略中并没有应用此类工具。中国政府官方网站主要通过 G2C 方式与国外用户进行互动，其网站采用的还是 1.0 版本，即所谓的单向不对称交流。官方网站主要用作信息发布的工具，目前还不存在应用 Web 2.0 技术与国外用户进行沟通的战略，而在与国内用户的互动方面，这一战略已经存在，如通过微博和社交媒体网络进行交流等事实。此外，这些工具的应用语言是汉语普通话，目标群体主要是中国公民。我们未来的进一步研究可能会探讨是否有可能应用这些工具与国外用户进行交流。然而，本调查结果发现，参与调查的欧洲人对应用这些交流方式获得中国政府提供的信息和服务并没有表现出兴趣。因此，我们并不建议将这一途径作为中国对外交流战略的重点。

本研究发现，电子治理战略有助于提供公共服务和公共管理，同时也有助于增进获取信息的便利程度。此外，信息的发布还有助于增强欧洲公共舆论对中国中央政府和地方政府的信任度，从而改善他们对中国政府的印象。这样，电子治理就能够为增强欧洲公民对中国政府的正面印象提供机遇。因此，本文最初提出的三个假设似乎通过此项实证研究得到了验证。然而，由于本项试验性研究中还存在着一些局限性，未来有必要继续开展进一步的研究。

由于时间限制，本研究抽样调查对象的数量很有限，这一问题造成了对本试验性设计方案是否有效的质疑。但本次初步研究的目的不是为了获得一种完美的外部有效性①，而是为了尝试对因果关系进行评价。此项研究需要有数量更多、范围更大的调查对象，也应该包括先前与中国不曾有过直接接触的欧洲公民，这样才能更好地反映欧洲民众对中国的总体认知。因此，本调研的目的不是为了获得一种具有完美代表性的样本，而是为了透过电子治理框架下的公共行政这一视角，提供欧洲公民关于中国形象认知的一手实证数据。

第二个局限性涉及的是，信息的可靠性与人们认知中的信任度这两者之间是否具有因果关系，这一问题可能只在理论层面具有一定意义。较高程度的可靠性是否能够增强人们的信任度——反之亦然——这一问题仅通过本项研究是无法予以全面评估的。一般情况下，我们可以假设，对某一事物的信任度越高，人们也就会更倾向于认为相关信息更可信。本研究还需要对中国通过具体项目实施电子治理战略的过程进行具有一定时间跨度的分析，以便评估欧洲人对中国官方网站信任程度的变化情况。

---

① 即研究结果的代表性和普遍性——译者注。

致谢：感谢郑磊博士、塞巴斯蒂安·伯斯克教授（*Dr. Prof. Sebastian Bersick*）、若昂－卡森·哥特瓦尔德教授（*Dr. Prof. Jörn－Carsten Gottwald*）和乔迪·皮克－安哥旦斯博士（*Dr. Jordi Pique－Angordans*）对本文初稿提出的建议。

参考文献

Albert Meijer, "Co-production in an Information Age: Individual and Community Engagement Supported by New Media", *International Journal of Voluntary and Nonprofit Organizations*, 18 July 2012.

Albet Meijer, Stephan Grimmelikhuijsen, and Gijs Jan Brandsma, "Communities of Public Service Support: Citizens engage in social learning in peer-to-peer networks", *Government Information Quarterly*, January 2012.

Aneil K. Mishra, "Organizational Responses to Crisis: The Centrality of Trust", in Roderick M Kramer and Tom R. Tyler (eds.), *Trust in Organizations, Frontiers of Theory and Research*, Thousand Oaks: Sage, 1996.

Andrew J. Flanagin and Miriam J. Metzeger, "The Role of Site Features, User Attributes, and Information Verification Behaviors on the Perceived Credibility of web-based information", *New Media and Society*, April 2007.

BBC News Europe, "BBC poll: Germany most popular country in the world", *The BBC*, 23 May 2013, http://www.bbc.co.uk/news/world-europe-22624104, last accessed on 19 February 2014.

Caroline Tolbert and Karen Mossberger, "The Effects of E-government on Trust and Confidence in Government", *Public Administration Review*, Vol. 66, No. 3, 2006.

China Internet Network Information Center, "The 23rd Statistical Survey Report on the Internet Development in China", *CINIC*, 2009, http://www.slideshare.net/zhouzixi/the-23rd-statistical-survey-report-on-the-internet-development-in-china, last accessed on 12 December 2013.

China Internet Network Information Center, "The 31ˢᵗStatistical Report on Internet Development in China", *CINIC*, 2013, http://www1. cnnic. cn/IDR/ReportDownloads/201310/P020131029430558704972. pdf, last accessed on 12 December 2013.

Christopher Hood and David Heald, *Transparency: The Key to Better Governance?*, Oxford: Oxford University Press, 2006.

Christopher Pollitt, *Managerialism and the Public Services*, Oxford: Blackwell, 1990.

Christopher R. Hughes and Gudrun Wacker, *China and the Internet: Politics of the Digital Leap forward*, London: Routledge, 2003.

D. Harrison McKnight and Norman L. Chervany, "Reflections on an initial trust-building model", in Reinhard Bachman and Akbar Zaheer (eds.), *Handbook of Trust Research*, Cheltenham: Edward Elgar Publishing, 2006.

Deirdre Curtin and Albert Jacob Meijer, "Does Transparency Strengthen Legitimacy?", *Information Polity*, Vol. 11, Issue 2, 2006.

Garrie Van Pinxteren, "Foreign media on China, beyond positive and negative reporting", *Clingendael Asia Forum*, 8 July 2013, http://www. clingendael. nl/ publication/foreign-media-china-beyond-positive-and-negative-reporting? lang = nl, last accessed on 10 October 2015.

Government Online Project Service Center (GOPSC), "Zhengfu shangwang gongcheng baipishu" (Government Online Project White Paper), 2000, http:// www. scio. gov. cn/zfbps/index. htm, last accessed on 11 October 2015.

Gregory A. Bigley and Jone L. Pearce, "Straining for Shared Meaning in Organization Science: Problems of Trust and Distrust", *The Academy of Management Review*, Vol. 23, Issue 3, 1999.

Guido Möllering, "The Nature of Trust: From Georg Simmel to a Theory of Expectation, Interpretation and Suspension", *Sociology*, Vol. 35, No. 2, 2001.

Hisham Alsaghier, Marilyn Ford, Anne Nguyen and Rene Hexel, "Conceptualising Citizen's Trust in e-Government: Application of Q Methodology", *Electronic Journal of e-Government*, Vol. 7, Issue 4, 2009.

Huang Ronghuai and Luo X, "An analysis of the present situation of distance communication of Chinese government", *China Economic Quarterly*, No. 39, 2001.

Ingrid d'Hooghe, "The Limits of China's Soft Power in Europe—Beijing's Public Diplomacy Puzzle", *Clingendael Diplomacy Papers*, No. 25, January 2010.

Internet World Stats, "Top 50 countries with the highest Internet penetration rate", *IWS*, 31 December2011, http://www. internetworldstats. com/top25. htm, lastaccessed on 11 December 2015.

Jack LinchunQiu, "Virtual Censorship in China: Keeping the Gate Between the cyberspaces", *International Journal of Communications Law and Policy*, Issue 4, 2000, http://www. ijclp. org, last accessed on 10 October 2015.

Jan Delhey and Kenneth Newton, "Predicting Cross-national Levels of Social Trust: Global Pattern or Nordic Exceptionalism?", *European Sociological Review*, Vol. 21, Issue 4, 2005.

Janet Vinzant Denhardt and Robert B. Denhardt, *The New Public Service: Serving, Not Steering*, Armonk, New York: ME Sharp, 2007.

John Carlo Bertot, Paul T. Jaeger and Derek Hansen, "The impact of policies on government social media usage: Issues, challenges, and recommendations", *Government Information Quarterly*, Vol. 29, Issue 1, 2012.

John Gerring and Strom C. Thacker, "Political Institutions and Corruption: The Role of Unitarism and Parliamentarism", *British Journal of Political Science*, Issue 34, 2004.

Jon Hurwitz and Mark Peffley, "Public Images of the Soviet Union: The Impact on Foreign Policy Attitudes", *Journal of Politics*, Vol. 52, No. 1, 1990.

John Ross, "Changed Perceptions of China in Europe", *China Daily*, 23 February 2012, http://www. chinadaily. com. cn/opinion/2012 – 02/23/content_14677534. htm, last accessed on 10 October 2015.

JustinVaïsse, Hans Kundnani et al. , "European Foreign Policy Scorecard 2012", *European Council on Foreign Relations*, 8 January 2013, http://www. ecfr. eu/page/-/ECFR_SCORECARD_2012_WEB. pdf, last accessed on 9 February 2014.

Ludwig C Schauppand Lemuria Carter, "The impact of trust, risk and optimism bias on E-file adoption", *Information Systems Frontiers*, July 2008.

Mark Howard, "E-Government across the globe: How will 'e' change government?", *Government Finance Re-view*, Vol. 17, Issue 4, 2001.

Mark Schafer, "Images and Policy Preferences", *Political Psychology*, Vol. 18, Issue 4, 1997.

Michael Barzelay, *The New Public Management*, Berkeley: University of California Press, 2001.

Michael G. Alexander, Marilynn B. Brewer and Richard K. Herrmann, "Images and Affect: A Functional Analysis of Out-Group Stereotypes", *Journal of Personality and Social Psychology*, July 1999.

Organisation for Economic Co-operation and Development, "Engaging Citizens in Policy-Making: Information, Consultation and Public Participation", *OECD Public Management Policy Brief*, No. 10, 2001, http://www. oecd. org/governance/public-innovation/2384040. pdf, last accessed on 11 October 2015.

Paul R. Brewer and Marco R. Steenbergen, "All Against All: How Beliefs about Human Nature Shape Foreign Policy Opinions", *Political Psychology*, Vol. 23, Issue 1, 2002.

Paul R. Brewer, "Public Trust in (Or Cynicism about) Other Nations across Time", *Political Behavior*, Vol. 26, Issue 4, 2004.

Paul R. Brewer, Kimberly Gross, Sean Aday and Lars Willnat, "International Trust and Public Opinion about World Affairs", *American Journal of Political Science*, Vol. 48, Issue 1, 2004.

Peter Lovelock and S Cartledge, "Special subject: E-China", *China Eco-*

nomic Quarterly, No. 3, 1999.

PewResearch Global Attitudes Project, "America's Global Image Remains More Positive than China's, But Many See China Becoming World's Leading Power", 18 July 2013, http://www. pewglobal. org/2013/07/18/americas-global-image-remains-more-positive-than-chinas/, last accessed on 10 October 2015.

Pippa Norris, *Digital Divide: Civic Engagement, Information Poverty, and the Internet Worldwide*, Cambridge: Cambridge University Press, 2001.

Richard W Oliver, *What is Transparency?*, New York: McGraw-Hill, 2004.

Roger Mayer, James H. Davis and David Schoorman, "An Integrative Model of Organizational Trust", *Academy of Management Review*, Vol. 20, No. 3, 1995.

Russel Spears and Alexander Haslam, "Stereotyping and the Burden of Cognitive Load", in Russel Spears, Penelope JOakes, Naomi Ellemersand S. Alexander Haslam (eds.), *The Social Psychology of Stereotyping and Group Life*, Oxford: Blackwell Publishers, 1997.

Shin-Yuan Huang, Chia-Ming Chang, Ting-jing Yu, "Determinants of user acceptance of the e-Government services: The case of online tax filing and payment system", *Government Information Quarterly*, No. 23, 2006.

Stephan G. Grimmelikhuijsen, "Transparency of local public decision-making: towards trust or demystification of government?", *The* 2009 *Annual Conference of EGPA*, Malta, September2009.

Wang Zhe and Nena Lim, "The Use of Official and Unofficial Channels in Government-Citizen Communication in China", *Electronic Journal of e-Government*, Vol. 9, No. 1, 2011.

Wilson Wong and Eric Welch, "Does E-government Promote Accountability? A Comparative Analysis of Website Openness and Government Accountability", *Governance*, Vol. 17, Issue 2, 2004.

UNESCO, "Defining E-Governance", 2005, http://portal. unesco. org/ci/en/ev. php-URL_ID = 4404&URL_DO = DO_TOPIC&URL_SECTION = 201. html, last accessed on 11 October 2015.

Zhang Junhua, "China's 'Government Online' and attempts to gain technical legitimacy", *ASIEN*, No. 80, 2001.

Zheng Lei, "Social Media in Chinese Government: Drivers, Challenges and Capabilities", *Government Information Quarterly*, Vol. 30, Issue 4, 2013.

第四章
中国社交媒体视角下的欧盟：
基于中国外交部官方微博的案例分析

宋黎磊　卞　清

摘　要：为了增进中国民众对欧洲和中欧关系的了解，2012 年 8 月 24 日，中华人民共和国外交部在新浪微博开设了"中欧信使"官方微博账号。本文采用内容分析方法，对该微博的内容进行考察，以便探讨中国官方社交媒体塑造了怎样的欧盟形象。本研究的主要发现是，该微博所塑造的欧洲形象是中立的，也就是说，它没有表达任何反欧情绪。本文作者认为，中国政府机构需要努力促进中国和欧洲之间的对话，促进双方通过社交媒体开展准确和有效的沟通。

引　言

有学者认为（参见喻国明，2011：5），与博客、播客（podcast）、BBS 论坛、社交网络（SNS），以及其他一些社交媒体相比，微博是"共享节点的即时信息传递网络"，因而更有优势，因为人们可以通过微博即时获得并与他人分享信息，同时也为开展公开讨论创造了机会。在中国，微博最早于 2007 年开通。微博是最受中国网民欢迎的社交媒体之一，超过 30% 的互联网用户开通了个人微博，其市场渗透率与推特在美国的情况相差无几（Forbes, 2011）。2009 年，中国国内互联网行业为微博平台的建设贡献了诸多资源。新浪微博是中国最受欢迎的中文微博网站之一，于 2009 年 10 月正式向公众开放。新浪微博的开通，意味着中国网民开始进入微博时代。

中国的绝大多数社交名人都选择将微博作为发表言论的平台之一。根据中国互联网络信息中心发布的第 32 次"中国互联网络发展状况统计"（China Internet Network Information Center, 2013），到 2013 年 6 月底，中国互联网用户已经达到了 5.91 亿人，其中，微博用户有 3.31 亿人。微博用户占到了中国网民总数的 56%，比 2012 年底增加了 7.2%。例如，根据一些相关报告的数据（Peng et al., 2013），就 2012 年中国发生的前 100 件最重要的事件而言，微博是最重要的信息来源（39%），接下来是传统媒体（24%）、新闻网络（22%）和互联网平台（在线聊天室）（15%）。有人认为（参见 Esarey and Xiao, 2011：298 – 319），社交媒体增强了中国网民的话语权，并相应削弱了国家制定公共议程和影响政治偏好的能力。

在此背景下，传统机构也开始投入精力打造微博，希望借此重构其在线权威。中国政府机构也开始关注新媒体，努力在新媒体平台占有一席之地，掌握主流话语权，并以此引导公共舆论（Yang, 2009：19）。到 2010 年，已有多个政府部门开通了官方微博账号。中国国务院新闻办公室前主任王晨曾经说过，微博是一种传播信息的"重要平台"，它可以在政府与民众之间搭建一座"桥梁"（Zhao and Wang, 2012）。这也正是新浪微博成为目前中国最具影响力的微博运营商的原因所在。目前，新浪微博已拥有超过 3 亿名注册用户，平均每天发帖量在 1 亿条左右。其中，有超过 1 万个政府部门开通了微博账号，另外还有大约 9000 名官员在新浪开通了微博账号，二者加起来共有将近 2 万个微博（Cao，2011）。

微博也在外交领域发挥着重要作用，它已成为增进不同社区之间相互理解的工具。这也就是我们称之为"网络公共外交"的原因所在（Potter，2002；Graffy，2009；Dale，2009）。在开展"网络公共外交"的过程中，微博保证了信息的可及性、可靠性和共鸣性（即赞同性回复）（Arsenault，2009：139 - 144）。赵鸿燕和何苗认为（2013：50），2010 年以来，外国驻华使馆开设的微博在"公共外交 2.0"时代对中国民众产生了较大影响。例如，欧盟驻华使团在新浪微博共发表文字 1919 条。除了介绍各个欧洲国家的历史遗址和自然风光以外，欧盟驻华使团的官方微博"欧盟在中国"还发布与欧洲政治领导人的日常活动有关的信息，以此作为说明欧洲价值观的例证。事实上，欧盟驻华使团应用此种网络的目的是为了推动欧盟对中国的公共外交，且已达到"全天候"规模（即涵盖与欧洲相关的各个方面）（Tang，2013：59）。但是，中国的网络公共外交尚未形成完善的体系，而且缺少规划和实施网络公共外交的有效机制，在新媒体平台方面更是如此（Tang，2011：36）。

中欧关系近年来取得了长足进展，但始终存在着波折，其中一个重要原因是中欧之间的认知差距问题（Chen and Song，2012：81 - 83）。尽管中国和欧盟之间不存在战略冲突，但贸易和人权领域的双边摩擦时有发生。中欧双方都认识到，需要通过诸如高级别人员交流机制（始于 2012 年）等稳定和深入的对话机制加强相互了解和理解。正如中国古语所说："国之交在于民之亲"，和谐是以人民之间的相互理解与合作为基础的。如果中国人民和欧洲人民之间缺少对彼此世界观的基本理解，那么，中欧关系的健康发展就不可能形成坚实基础。

不幸的是，当前，绝大多数欧洲人对中国的实际生活条件缺乏了解，而且中国民众对欧洲的了解程度也依然偏低（Men，2006：788 -

806；Li，2007：102－117；the University of Nottingham，2011）。为改变这一状况，2012 年 8 月 24 日，中华人民共和国外交部在新浪微博开设了"中欧信使"微博账号。账号首页阐明了该微博的主要目的，即向公众及时发布中国重要的对欧外交活动消息，介绍中国的对欧政策，以及欧洲各国的政治、经济、文化动态和风土人情（MFA of the PRC，2014）。"中欧信使"的第一条微博强调："'中欧信使'给你一个新视角，以中国人的眼光看欧洲。"同时，它也为公众提供了一个进行交流和相互了解的平台（MFA of the PRC，2014）。

自开通以来，"中欧信使"在中国民众中的影响越来越大，它也提供了一个向外界展示中国人民对欧洲的了解程度的新平台。在 2013 年 8 月该微博开通一周年之际，它已累计发表 2500 条微博，拥有"粉丝"125 万人（到本文截稿之时已累计发表微博超过 6000 条，拥有"粉丝"270 万人）（MFA of the PRC，2014），其微博的原创率高达 95.3%。在该微博账号运营 1 年之后，它获得了"网络公共外交奖"（China Youth Daily，2014）。中国外交部的一位官员指出："'中欧信使'推动了公众对欧洲和中欧关系的了解，对中欧关系产生了'积极影响'，与中国政府的总体外交工作是一致的，而且缩小了中国公众与外国外交官之间的距离"（引自《中国青年报》，2014）。

本文以中国外交部的官方微博"中欧信使"为研究对象。本文采用文本和内容分析方法，对该微博的所有文字进行考察，以回答下列问题：（1）中国外交部如何借助官方微博增进公众对欧洲和中欧关系的了解？（2）"中欧信使"发布的哪种类型的内容能够吸引中国民众的关注？（3）该微博发表的一些话题以及网民的态度能否反映出中国民众的期待？通过此项案例研究，本文拟提出一些观点和启示，以便帮助我们了解中国社交媒体对欧盟的看法。

研究方法

为了回答中国外交部如何借助其官方微博平台塑造欧盟的形象这一问题，本研究采用了文本分析和内容分析方法。

本研究以 2012 年 8 月 24 日至 2013 年 8 月 24 日期间，"中欧信使"官方微博发表的所有博文作为抽样对象。由于在此期间发表的微博累计数量多达 4000 余条，为了能够使抽样对象更具代表性，分布也更均匀，并确保平均每天能有一份抽样对象，本文采用了分阶段随机抽样方法。本文将所有微博分为四个阶段，即，第一个季度（2012年 8 月 24 日至 11 月 23 日）、第二个季度（2012 年 11 月 24 日至 2013年 2 月 23 日）、第三个季度（2013 年 2 月 24 日至 2013 年 5 月 23 日）和第四个季度（2014 年 5 月 24 日至 2013 年 8 月 24 日）。采集到的数据均截至 2014 年 2 月 28 日。随机抽样对象为每个月 30 条微博，每个季度 90 条（误差为 ±1），4 个季度总共选取了 360 条微博。由于微博原创率高达 95.3%，因此，非原创率对总体研究的影响可忽略不计。

一　类目构建

本研究选取的样本包括 360 条微博，一条微博是一个分析单位。每条微博不仅包含文字、评论数量、转发数量和日期等基本信息，而且一定程度上还包括根据其图片、视频和超级链接等要素予以界定的媒介融合度。我们对类目框架的分类和界定参考了此前对社交媒体环境下的官方微博开展的一系列正式研究（Liu, 2012：38 - 43；Wang, 2013：27 - 34；Yang, 2009：19）。然而，目前的类目体系发现，推特和微博在语言、文化和技术方面存在着一些差距。

本研究的分析包括：

1. 目标人群的定位（包括对热议话题和关注对象的分析）；
2. 传播内容的特点（包括这些内容的范畴、涉及地区和主题）；
3. 沟通方式的特征（包括媒介融合度和微博账号管理者的态度）；
4. 公众的反馈（包括微博转发和评论的数量）。

本项目的 3 名研究人员独立通读了每一篇微博，并用一个词描述每条微博的主要内容。接下来，研究团队通过讨论，将这 360 条微博按照内容分成四大类，分别为：与中欧关系有关的内容、中国公民提供的关于欧洲的信息、欧洲人提供的关于欧洲的信息，以及其他未归类的信息。下一步，研究团队将这四大类微博再按照内容细分为 7 小类，分别为：政治外交、经贸科技、历史地理、教育留学、文化体育、旅游美食，以及活动和互动。此外，研究团队还按照微博中提到的欧洲地理区域，将 360 条微博划分为 8 个小类，分别为：欧盟、中东欧、西欧、北欧、南欧、英国、法国和德国。本研究还对每条微博体现出的态度进行了检验，并将其态度赋值（1 - 10）按照从最消极到最积极的次序进行排列。

二 编码过程与信度测试

本研究由 2 名经过专业培训的国际关系学专业硕士研究生独立进行编码。为了编制和完成旨在对所有微博进行内容分析的类目工作，研究者在所得样本中随机抽取了 10%（36 个）。每条微博仅被归为一个类别。如果这两位编码者出现了意见分歧，则由第三位编码者对最终的类目做出决定。如果微博的内容与任何一项主题都不相符，那么，它就被归于"其他"类，而且不会被纳入最终的研究分析之中。最终，我们得出的 Kappa 信度为 0.815，这表明这两名编码者的信度值非常高。

研究结果

一 目标人群的定位

目标人群出现了两极分化。作为一个以用户互动为基础的网络平台，微博能让用户根据偏好选择关注对象。在对微博进行"关注"（成为"粉丝"）之后，系统就会显示关注者的微博，这样，欧洲人和中国人就可以以一种动态方式进行相互了解。被"认证"是微博账号的关注者获得确认的唯一方式。同时，这一行为释放的信号也意味着双方均期待开展进一步的互动。

由于上述原因，"中欧信使"认证的关注对象构成了中国对欧公共外交的主要目标群体。该微博关注的对象主要分为 6 类：一是中国政府机构，如中国外交部的"外交小灵通"和"国务院公报"等中国外交部的微博账号；二是文化和商贸机构，如"CRI 德语"（德语学习）和格林童话中国有限公司等；三是重要媒体，如《人民日报》、新华欧洲等；四是海外微博，如英国旅游局、德国国家旅游局等；五是知名博主，如张泉灵和"乔老爷"；六是其他用户，多为与该微博互动频繁的"80 后"和"90 后"一代（见图 1）。

关注各种官方微博账号，有助于中国外交部更好地理解时事、掌握政策变化，并改进公共外交。80 后和 90 后一代人对该微博上的"对话"更加开放，也更积极地参加"互动"，特别是那些有可能在未来的中欧关系中发挥重要作用的受过相关培训的人员。知名博主参与公共意见的形成，并在公众中具有极高的可见度或可信度。通过密切关注这些博主的博客，人们就能更容易地熟悉一些热点话题。但"中欧信使"对文化和商业机构以及国际微博的关注较少，这一点说明"中欧信使"更注重原创博客。值得思考的是，欧盟驻华使团的官方微博"欧盟在中国"关注了

"中欧信使",但"中欧信使"并没有关注"欧盟在中国"（2013 年 8 月情况是如此,但是目前双方已经互为粉丝）。

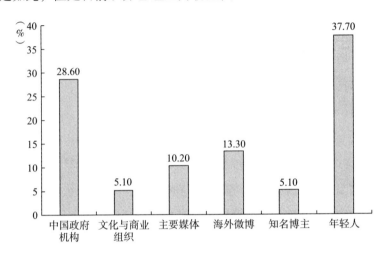

图1 "中欧信使"关注对象来源分布比例

资料来源：作者自制。

二 传播内容的特征

1. 信息来源。经研究发现,在上文提到的四类内容中,源自中方的关于中欧关系的信息以及源自中方的关于欧洲的信息所占比例最高,分别为 42.6% 和 42.1%,源自欧方的关于欧洲的信息占 15%,其他类仅占 0.3%。研究表明,"中欧信使"在引用欧洲媒体的讯息时非常谨慎,在发表原创信息时也同样如此。然而,来源于欧方的关于欧洲的信息正在逐渐增多,这表明,微博博主在从中国视角选择欧洲新闻的过程中越来越自信,也越来越熟练。

2. 信息的地区分布。在上文提到的 8 个地理区域中,关于欧盟的信息最多（23.3%）。关于中东欧的话题占第二位（17.8%）,绝大多数博客都提到了中东欧地区的重要性,这表明了这一时期中国—中东欧合作的新发展,也表明这是国内外公众最关心的热点问题之一。

接下来是北欧，占 10.3%；南欧占 7.2%；西欧占 6.7%。

就欧洲的三个大国德国、英国和法国而言，中国与这些国家的双边关系被认为是传统中欧关系中中国"大国外交"的组成部分。德国是中国最大的贸易伙伴，着力于推动中欧经贸和技术关系；法国一直扮演着欧盟对华政治关系先行者的角色；英国是中国在欧盟最重要的投资国，在金融服务业方面具有领先地位。出人意料的是，尽管德国是中国在欧洲的最大贸易伙伴，但"中欧信使"的微博中提到德国的次数要少于英国和法国（见图 2）。"没有消息就是好消息"，这可能是因为在本研究关注的时段，中国和德国的关系相对平稳。法国总统奥朗德访华、英国首相卡梅伦会见达赖喇嘛，以及英国前首相撒切尔夫人去世等事件都吸引了大量粉丝的关注。

3. 内容类别。在该微博发布的 7 类话题中，经济和科技类话题所占比重排在首位（27.3%），文化和体育类列第二位（22.3%），这再次表明，中欧关系中经贸关系和科技合作仍然是主旋律。其他一些话题受到的关注也在不断增加，如政治外交类列第三位（19.0%），旅游美食类占12.4%，历史地理类占 6.3%，教育留学类占 6.6%，活动与互动类占 6.1%。

三　沟通方式

1. 媒介融合度的分布。在媒介融合度方面，绝大多数微博都包含文字与图片（85.3%），这说明微博的吸引力与其对民众的影响之间具有明确的相关性。有 11.3% 的微博同时包含图片和超链接，这表明"中欧信使"希望发布更多信息，并希望借此引导公共舆论。由于新浪微博的建设仍处于初始阶段，因此，包含文本、视频和图片的微博所占比例还很有限，仅占 2.8%（见图 2）。

2. 态度分析。峰度系数是用于评价态度指数的指标，编码者应用该系数对评价态度指数进行正态检验。编码者根据每条微博的内容所呈现的态度，将其分为三类，消极态度（即反对和质疑立场）的赋值

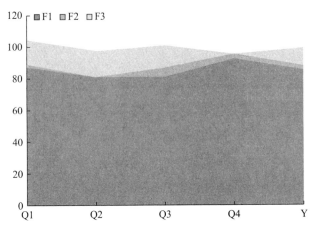

图2 "中欧信使"的媒介融合度分布

图例：微博形式（F1－3）

F1＝包含图片的微博

F2＝同时包含视频和图片的微博

F3＝同时包含超级链接、视频和图片的微博

为1－4，中立态度的赋值为5，积极态度的赋值为6－10（即所有赞同、支持、承认等态度），标准差是1.256，平均值是5.99。该项研究发现，该微博对欧洲和中欧关系的介绍较为客观中立。这表明，中国外交部官方微博对欧洲的介绍是从客观视角出发的（见图3）。

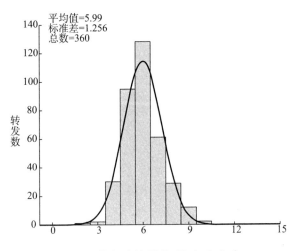

图3 "中欧信使"的态度分布

四 公众反响

1. 微博的转发和评论情况。每条微博的平均转发率为 11.3%，平均评论率为 3.7%，但在这一年期间，转发率和评论率都呈逐渐增加趋势（见图 4），这表明该微博的影响力正在增强。

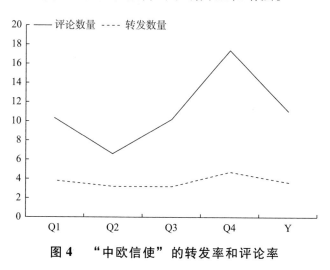

图 4 "中欧信使"的转发率和评论率

图例：

I1 = 转发数量

I2 = 评论数量

Y = 年

Q = 季度

我们通过对地区类别微博的转发和评论数量的分析发现，公众对欧洲不同地区的关注度与微博样本中着重介绍的内容是一致的（见表 1）。这表明，公众对欧洲不同地区的兴趣是可以通过微博发布的信息得到塑造和引导的。

通过将内容类别与微博的转发数和评论数进行交互分析，很容易就可以发现，公众对不同内容的关注度与微博样本中发布的内容类别是吻合的（见表 2）。

表1 "中欧信使"微博中的地区分类内容与转发
评论情况交互分析表（总数为360）

地区分类	比例	平均转发数	平均评论数
欧盟	23.2%	2.86	0.91
中东欧	17.8%	1.92	0.01
西欧	6.7%	0.74	0.25
北欧	10.2%	1.18	0.43
南欧	7.2%	0.67	0.30
英国	11.0%	1.37	0.39
法国	18.2%	1.16	0.39
德国	5.8%	1.25	0.44

表2 "中欧信使"微博内容类别与转发评论
情况交互分析表（总数为360）

内容类别	比例	平均转发数	平均评论数
政治外交	19.0%	1.82	0.72
经贸科技	27.3%	2.88	0.72
历史地理	6.3%	0.53	0.16
教育留学	6.6%	0.82	0.29
文化体育	22.3%	2.23	0.70
旅游美食	12.4%	1.56	0.56
活动与互动	6.1%	1.34	0.70

2. 关注度最高的微博。微博自带的"转发"和"评论"功能使得微博博主与受众之间的互动情况一目了然。粉丝们最关心的是微博中的哪些内容？截至"中欧信使"开通一周年之际，它的4154条微博中，有超过50条微博的转发数在100次以上。研究者对转发数量在前10位的微博内容进行了分析（见表3）。

表 3 "中欧信使"转发率最高的前 10 条微博
（2012 年 8 月 24 日至 2013 年 8 月 24 日）

话题类别	内容分类	标题	转发数	评论数
欧洲人关于欧洲的信息	经贸科技	法国媒体预测未来全球重大趋势	989	134
中国公民关于欧盟的信息	旅游美食	"浮"不起来的水果馅饺子	934	91
中欧关系	政治外交	法国总统奥朗德访华微直播（对所乘红旗轿车的介绍）	851	108
中国公民关于欧洲的信息	历史地理	情人节的由来	590	65
中欧关系	活动与互动	你所不知道的大使翻译	562	93
中欧关系	活动与互动	外交官每天干些什么？	539	97
中欧关系	文化体育	重庆拟于 2015 年举办肖邦钢琴青年组比赛	521	128
中欧关系	活动与互动	揭开"80 后"领事官的神秘面纱	466	100
中欧关系	政治外交	李克强在瑞士农场详询食品安全问题	456	82
中欧关系	政治外交	波兰政府出台优惠政策帮助年轻屌丝买房	433	61

由表 3 可知，转发量排名靠前的议题多与中国网民的日常生活直接相关（如房价和食品安全等）。此外，几乎所有涉及中国外交官的工作与生活的故事，都能获得极高的转发率和评论率，网友对外交工作的好奇由此可见一斑。有鉴于此，外交部应适当加大透明度，并增强与网友的互动。此外，虽然中欧之间在意识形态、文化和生活水平等方面存在着很大差异，但只要话题贴近人的日常生活，就容易被受众接受。

讨　论

一　目标人群

对微博的影响进行评估的一个最简便方法是对其粉丝的数量进行统计，并观察其粉丝的行为。粉丝的数量能够直接反映微博账号的吸引力。研究表明，"中欧信使"将主体目标定位为青年群体。为此，"中欧信使"采用"小欧"这个卡通形象比拟微博的成长，而该微博的所有粉丝都有个昵称"藕粉"。根据新浪微博数据中心发布的研究报告，截至 2012 年 12 月底，新浪微博注册用户已超过 5 亿人。"90后"已逐渐成为微博用户的主力，占用户总数的53%，"80后"用户占用户总数的37%，而"70后"（8%）与"70前"（2%）用户占比相对较小。微博用户的受教育水平普遍较高：拥有大专和本科以上学历的用户所占比例高达70.8％（新浪微博数据中心，2014）。青年人通过网络分享其观点和想法，并积极参与在线互动。他们接受和传播欧洲信息的能力非常强，而且愿意在朋友圈分享经验。这样一来，他们就能够在很大程度上促进信息的"二次传播"，甚至是"信息的多次传播"。

为了更好地适应年轻群体的偏好，除了普及欧洲风土人情知识的线上活动以外，该微博还组织了线下活动，例如，在"中欧信使"微博账号开通一周年之际，外交部官员邀请"粉丝"到欧洲司参观座谈。该活动得到了"粉丝"们的热烈响应，而且在一定程度上消除了中国对欧外交工作在公众心目中的神秘感，使得进一步沟通和公共外交成为可能。

"中欧信使"微博的受众能够从线上获得信息，在线下参与活动，然后又到线上进行反馈，从而有效地将虚拟空间的公共外交扩展到真实空间。虚拟空间和真实空间的协同，有助于微博平台实现互动。但是，该微博如果想要在新媒体平台上走向世界，就应多关注国际组织、欧洲各国驻华使馆、中国国内的欧洲研究机构和高等院校等官方微博账号，或知名学者的微博。笔者认为，如何融入国际主流媒体的话语体系，是中国政府和媒体今后相当长的时间内要面对的问题。

二　内容特征

研究发现，"中欧信使"使用了超过 50 个栏目标签来界定微博的内容，其中有几个标签与中欧关系的发展动态密切相关。首先，有 1/4 的栏目标签是关于中国和中东欧国家关系的。此类内容涉及中国与中东欧国家的经贸和文化关系，吸引了大批粉丝的评论和转发，如以"波兰"、"罗马尼亚"为标签的微博，或者是以内容为标签的"中国 - 中东欧国家文化合作论坛"和"中国 - 中东欧国家地方领导人会议"等微博。这是因为，2012 年中国宣布实施"促进与中东欧国家友好合作的 12 条措施"，另外，还在外交部成立了中国 - 中东欧国家合作秘书处，这被认为是中国 - 中东欧关系的新起点。中国与中东欧国家的合作也是国内外公众比较关心的欧洲热点议题之一。

第二，中欧关系中的传统外交主题仍是该微博的重点。在"中欧信使"的标签中，我们永远都无法忽略欧洲大国："中德关系"、"法国总统奥朗德访华"等问题受到了密切关注。例如，"中欧信使"在两天内发布了 17 条与法国总统奥朗德访华有关的微博。不同于外交部网站和新华社等媒体的报道，其传播内容和叙事手法更加生动灵活，对奥朗德乘坐的红旗轿车和参观故宫等细节的描述让粉丝们津津乐道。

第三，中国对欧公共外交也是该微博正在推进的重要话题之一。例如，"欧洲外交官研讨班"的目的是帮助欧洲的外交官们加深对中国国情和内外政策的了解。本期研讨班有来自 28 个欧洲国家和欧盟机构的 31 名外交官参加。该研讨班是中国外交部针对发达国家外交官举办的首个公共外交项目。到 2012 年，该研讨班已经开办了 7 期，共有超过 260 名欧洲外交官参加了该项目。但是，对于该研讨班内容的报道似乎不足以吸引微博粉丝的关注。笔者认为，要吸引粉丝的注意，有必要讲述该研讨班参与者的个人故事。笔者 2014 年 3 月 21 日的采访也许能够很好地解释这一问题。"中欧信使"微博运营负责人熊先生强调，"中欧信使"的最重要目的是公布、发表和传播信息，而不仅仅是为了迎合公众的关切和需要。

第四，为了表明"中欧信使"的权威性，该微博并没有回避"人权问题"和"西藏问题"等中欧关系中的敏感话题。例如，有两条微博的内容关注的是分别于 2012 年 10 月 10 日和 2013 年 5 月 16 日举行的第十次和第十一次中德人权对话。但是，值得注意的是，关于人权问题的微博的转发数量相差较大：有关第十次中德对话的微博标题是"评价中国人权不应固守偏见"，有 2 条转发，无评论；而关于第十一次中德人权对话的微博标题是"中德举行第十一次人权对话"，转发 19 次，有 12 条评论。笔者认为，如果标题带有政治色彩，就很可能影响粉丝的反馈。如前所述，2013 年 6 月 27 日的微博"中国欧盟第 32 次人权对话在华举行"被转发 10 次，有 3 条评论。

在西藏问题上，一年内有 6 条微博与这一话题有关，其中两条与英国首相卡梅伦 2013 年 5 月会见达赖喇嘛一事有关，该事件使中英关系陷入紧张状态。这两条微博的标题分别为："英国承认西藏是中国的一部分，不支持西藏独立"，"英国外交大臣重申涉藏立场"。中国外交部借此阐明中英关系仍然平稳，英国仍然尊重中国的核心利益。

其余 4 条微博表明，中国希望对外澄清西藏问题的本质。这些微博中提到的所有故事都是西方媒体讲述的。借助西方人的视角介绍西藏，表明中国政府开展公共外交的方式日益成熟。

例如，2013年9月25日，法国阿尔萨斯大区孔子学院举办"我所了解的西藏"报告会，由《并非如此"禅"：达赖隐匿的一面》（*Dalai Lama – not so Zen*）的作者马克西姆·维瓦斯（Maxime Vivas）为与会人士介绍了他所了解的西藏（Chinese Consulate General in Strasbourg，2012）。

另一个例子是，2012年8月8日，法国《世界报》刊登了中国驻法使馆的文章《自焚是反人类、反社会的》。文章列举大量事实，揭批达赖集团操纵、煽动藏人自焚的真相（Chinese Embassy in France，2013）。

三　叙事特点

正如我们在上文讨论的，"中欧信使"鼓励粉丝进行在线互动，例如鼓励粉丝就"我眼中最美的欧洲"贴图跟帖，向粉丝提问"你知道谁是欧洲第一位友好信使"等问题，以及向粉丝们征求"那些年我们一起唱过的欧洲歌曲"。这些互动话题反映出，"中欧信使"努力尝试摆脱公众对官方传媒的刻板印象，以吸引粉丝的关注。此外，奖励机制对增加粉丝数量也有促进作用，例如，中荷、中卢建交40周年画册及纪念封抽奖活动得到了粉丝们的热烈响应。

四　公众反馈

"中欧信使"中的哪些内容总是能够引起粉丝的关注和积极响应？研究发现，该微博中"揭开"80后"领事官的神秘面纱"、"你所不知道的大使翻译"、"外交官的一天"等描述外交官工作经历的写真微博，比起政治历史等宏大叙事，更能打动受众。"人"是新闻事件中永远的主角，因为讲述普通人的故事更容易令人产生情感上的普遍认同。"玩欧洲，哪里便宜哪里贵？"、"首届欧盟在线影展开幕"等微博，无不贯穿着以受众为中心的观念，并将普通人对欧洲的关切和欧洲资讯联系起来。这类微博常常被转发上百次，评论数均超过 50 次。

然而，"中欧信使"微博仍需注重发挥新媒体的即时性特征，重视与公众的互动交流。依托微博平台与粉丝互动，可使政府机构关注先前没有注意到的话题（舆情监测作用），并在一定程度上影响外交议程设置，进而引导舆论，以实现互动的目的。由于网友们对中国的一些对欧政策并不熟悉，加之有强烈的好奇心，因而往往会在评论中就中欧关系问题提问。但在目前看来，样本中没有回复网友评论的比例占 95%，回复一次的占 3.6%，回复 2 次以上的仅占 1.4%。

总之，在网友提出问题时，"中欧信使"应尽量予以适度回应或诠释，避免成为"沉默的对话者"。中国外交部欧洲司的职业外交官仍需加大与粉丝们的互动力度，以获得更多关注和支持，从而扩大自身的影响力。"中欧信使"对网友的提问答复较少的客观原因如下。2014 年 3 月 21 日，笔者电话采访了"中欧信使"的运营负责人熊先生，他指出，与某些国外驻华使馆的微博运营团队相比，外交部欧洲司的现有资源很有限，经费不足，也缺少专职人员。

五　研究的局限性和未来研究

作为对"中欧信使"微博的首例内容分析，本研究的局限性主要源于样本和数据库等方面。数据库由新浪公司选取和统计，因此在数据的收集过程中可能存在着系统性的误差。我们选取的 2012 年 8 月 24 日至 2013 年 8 月 24 日期间的 360 份样本也许具有足够的代表性，但也有可能没有包括近期发生的一些变化。因此，需要开展进一步研究，以保证对社交媒体在中欧关系中的作用进行更全面的分析。

结　论

本文的结论如下。互联网与社交媒体的出现，是用于促进公众对欧洲和中欧关系的兴趣与理解的一种革命性工具。同时，通过与中国民众的互动，外交部的透明度也可以得到提升。

通过一年内微博样本涉及的欧洲地区分类内容可以发现，"中欧信使"微博所塑造的"欧洲"不仅是一个地域概念，也是一个政治概念，既代表了欧洲（欧盟）的各个机构，也代表了构成欧盟的各个民族国家，还包括那些尚未加入欧盟、但在地理概念上属于欧洲的国家。同时，经由内容分类发现，"中欧信使"叙述的不是一种简单的双边外交关系，而是囊括了中国和欧洲在超国家层面、成员国层面、地方政府层面和社会层面的多重关系。此外，它还展现出多种外交形式，既有与法、德、英等国家的大国外交，又有与发展中的欧洲联盟的机制化和规制化外交，还有与东欧、南欧、西欧、北欧一些中小国家的特色外交，更有经济外交、科技外交、公共外交、民间外交、学术外交等丰富多彩的形式和内容。

该微博的一个重要优势是其原创性。外交部欧洲司能够在第一时间通过其官方微博发布中欧关系的重要事件以及中国的对欧外交政策，是公众了解中欧关系的重要信息源之一。依托外交部的资源优势，该微博可以发布许多独家的、其他新闻媒体难以采访到、而传统媒体不一定刊载的外交新闻花絮。如2014年的"习主席访欧"专题，在严肃的国事访问报道之中，以图文花絮方式穿插了习主席夫妇在比利时、德国等地与欧洲民众的交流活动，体现了中国领导人对欧公共外交的魅力，表达了中国对中欧关系前景的期许。

本研究发现，"中欧信使"的绝大多数粉丝关注的是与其日常生活和公共问题（如房价、食品安全、环境保护等）最直接相关的话题，而不是政治议题。尽管如此，通过对内容分类、转发和评论等问题进行的交互分析，本研究发现，普通人的兴趣是可以得到引导的。"中欧信使"充分利用这一新媒体平台，收集包含有视频和超级链接的文本，以加大信息发布量。然而，根据文本分析，本研究发现，该微博更注重即时信息发布，并加快了单向信息流动。

最后，如何以文化为突破口，加强本国的亲和力，提升本国的吸引力，这一点同样值得我们思考。比如，2014 年 3 月 31 日习近平主席访问欧洲期间，夫人彭丽媛在比利时王后的陪同下参观布鲁塞尔乐器博物馆，并向该馆赠送了中国传统乐器——沛筑。这条新闻从侧面表现了中国的文化自信，也得到了网友们的热烈回应。

总之，可以认为，中国外交部官方微博中呈现的欧洲形象是中立、客观的。中欧关系正在稳步发展，而且非常重要。加之 2013 年《中欧合作 2020 战略议程》的发表，为中国和欧盟双方不仅通过高层对话，而且也通过人员交往开展更严肃、更深入的对话提供了良好机遇，必将为提振这一重要关系做出贡献。

参考文献

刘宁雯：《中国政务微博研究文献综述》，《电子政务》2012 年第 6 期。

唐小松、卢艳芳：《西方国家网络外交的新发展及其对中国的启示》，《国际问题研究》2011 年第 6 期。

唐小松、王凯：《欧盟网络外交实践的动力与阻力》，《国际问题研究》2013 年第 1 期。

喻国明：《微博：一种新传播形态的考察》，人民日报出版社，2011。

赵鸿燕、何苗：《外国驻华使馆"微博外交"及其启示》，《现代国际关系》2013 年第 8 期。

Amelia Arsenault, "Public Diplomacy 2.0" in Philip Seib (ed.), *Toward a New Public Diplomacy: Redirecting US Foreign Policy*, Palgrave Macmillan, 2009.

Ashley Esarey and Xiao Qiang, "Digital communication and political change in China", *International Journal of Communication*, Vol. 5, Issue 22, 2011.

Cao Y, "Government weibo learning to talk the good talk", *China Daily*, 13 December 2011.

Chen Zhimin and Song Lilei, "The Conceptual Gap on Soft Power between

China and Europe and Its Impact on Bilateral Relations", in Pan Zhongqi (ed.), *Conceptual Gapsin China-EU Relations: Global Governance, Human Rights and Strategic Partnerships*, Palgrave Macmillan, 2012.

China Internet Network Information Center, "Statistical Report on China Internet Development in China", 2013, http://www1. cnnic. cn/IDR/ReportDownloads/201310/P020131029430558704972. pdf, last accessed on 28 February 2014.

China Youth Daily, "Million fans blitz the 'Sino-Europe messenger' Weibo", *China Youth Daily*, 28 August 2013.

Chinese Consulate General in Strasbourg, "Zhang Guobin Consul General in Strasbourg attended the 'I know Tibet' report", http://www. consulatchine-strasbourg. org/chn/zxxx/t973780. htm, last accessed on 20 March 2014.

Chinese Embassy in France, "Embassy press counselor in 'Le Monde' refuted untrue reports about Tibetans self-immolation", http://www. amb-chine. fr/chn/ttxw/t1004563. htm, last accessed on 20 March 2014.

Colleen Graffy, "The Rise of Public Diplomacy 2. 0", *The Journal of International Security Affairs*, No. 17, 2009.

Evan H. Potter, *Cyber-Diplomacy: Managing Foreign Policy in the Twenty-first Century*, Ithaca: McGill-Queen's Press-MQUP, 2002.

Forbes, "China's Weibos vs US's Twitter: And the Winner Is?", www. forbes. com/sites/kenrapoza/2011/05/17/chinas-weibos-vs-uss-twitter-and-the-winner-is, last accessed on 4 April 2014.

Hellen C. Dale, *Public Diplomacy* 2. 0: *Where the U. S. Government Meets 'New Media'*, Heritage Foundation, 2009.

Li Xiaoping, "Chinese Television Coverage and Chinese Perceptions of Sino-EU Relations", in David Kerr and Liu Fei (eds.), *The International Politics of EU-China Relations*, Oxford: Oxford University Press, 2007.

Ministry of Foreign Affairs of the People's Republic of China, "Official Weibo", http://weibo. com/wjbozs, last accessed on 28 February 2014.

Men Jing, "Chinese Perceptions of the European Union: A Review of Leading Chinese Journals", *European Law Journal*, Vol. 12, Issue 6, 2006.

Peng F, Qi S and Zhou Y, "2012 trends and patterns of public opinion in network Shanghai", *News Reporter*, No, 1, 2013.

Sina Weibo Data Center, "Weibo users development report 2013", http://data. weibo. com/report/detail/report? copy_ref = zuYT1rJriAgUC&_key = 2VmtCYE&m = b, last accessed on 20 March 2014.

The University of Nottingham, "The 'Chinese Views of EU' public survey data", http://www. nottingham. ac. uk/cpi/documents/briefings/briefing-70-chinese-views-of-eu. pdf, last accessed on 20 March 2014.

Yang Guobin, *The power of the Internet in China: Citizen Activism Online*, New York: Columbia University Press, 2009.

Zhao Yinan and Wang Huazhong, "Government must utilize blogs better", *China Daily*, 19 January 2012.

第五章
欧盟媒体能否实现对
中国问题的均衡报道？

——因素与影响*

威廉·芬格里顿**

  摘　要：任何国家的本地媒体都是软实力行动的目标，它在塑造本国人民对其他国家及其文化和人民的公共舆论与认知方面，也往往是最具影响力的因素。因此，各国都应特别关注在本国领土范围内从事新闻报道工作的国外新闻媒体。本研究首先分析了中国对这一问题的立场和观点，接下来分析了对欧洲媒体的中国问题报道产生影响的"幕后"力量和因素，例如在中国工作的欧盟记者的工作条件、来自欧洲国家的读者、编辑与媒体所有者的压力；欧洲和中国关于记者作用的不同看法等。最后，本文就如何改善中欧关系提

---

*　本文表达的所有观点均由作者本人负责，既不代表欧洲联盟的观点，也不代表欧盟驻中国与蒙古代表团的观点——作者。

**　William Fingleton.

出了一些看法，这将使所有相关各方都能从中受益。

导 言

在全世界，所有国家的政府都越来越关注本国的软实力，以及如何在与其他国家发展政治、商业和文化关系的过程中运用这种看不见的影响力。尽管影响软实力的最重要因素之一是一个国家的吸引力，而这一吸引力主要取决于该国在政策、成就和价值体系等方面的行为表现，但无疑，在如何向其他行为体传达此种软实力，以及他人如何理解此种软实力方面，媒体发挥着关键作用。而且，更重要的是，相关国家的本地媒体将不可避免地成为软实力行动的目标，因为它在塑造本国人民关于其他国家及其文化和人民的公共舆论与认知方面的影响力最大。因此，各国都应特别关注在本国境内工作的国外记者，并尽最大努力推动和"鼓励"他们在对对象国事务的相关报道中尽力做到均衡和准确。

在本文中，我们将首先探讨中国的立场和观点，接下来分析对欧洲媒体的中国问题报道产生影响的"幕后"力量和因素。我们将集中探讨以下几个问题：第一，欧盟记者在中国的工作条件；第二，欧盟媒体母国的影响，包括读者、编辑和媒体的所有者；第三，新闻学的作用，即意识形态和价值观；第四，我们希望就如何改善中欧关系提出一些建议，这些建议将使所有相关各方均能从中受益。

中国的观点

在互联网搜索关键词"西方媒体"、"中国"和"负面报道"，会得到超过 30 万个搜索结果。如果改用"西方媒体"和"歪曲报道"进行搜索，则会得到 17.2 万个搜索结果。从这些搜索结果可以得出如下总体印象，即中国主流媒体、特别是中国官方媒体，以及中国学者的学术文章中占主导地位的观点是，欧盟和其他西方媒体（特别是美国媒体）对中国的报道有失偏颇。

中国国际问题研究所的一项研究指出：

> "近年来，随着中国综合国力和国际影响力不断提升，西方主流媒体的涉华报道日益增多。总体看，西方媒体在不得不承认中国经济发展成就和历史文化底蕴的同时，更加激烈地抨击中国政治制度、军力建设、社会矛盾、国民素质等。"（曲星等，2012）

中国现代国际关系研究院欧洲研究所前所长冯仲平曾经就这一问题发表过如下评论。

> "我觉得这个偏见有点悲观，你很难让西方人对你采取一种客观的态度，用中国国情的角度来理解中国问题。我觉得双方的文化差异、政治制度的差异、经济水平发展的差异，这些都在起作用，导致了这样一种不客观不对等的报道情况。除了像英国广播公司和《金融时报》这样少数的主要媒体之外，绝大多数媒体都没有专门从事与中国相关的媒体产品的专业人士。"（冯仲平，2008）

总体上看，中国媒体较少抱怨欧洲媒体对中国的经济成就或文化遗产进行的报道。然而，在中国的政治体制、军事问题、社会冲突、食品与产品安全、货币汇率、环境污染与贸易问题，以及人权问题等领域，欧盟媒体的报道则多为负面的，并在一定程度上推动了"中国威胁论"和其他反华言论（中华人民共和国国务院信息办公室，2009）。

2013年，《中国记者》杂志刊登了一篇讨论欧洲法语媒体报道中的中国形象的文章，认为欧盟媒体长期以来在其新闻报道中一直对中国持有偏见："长期以来欧洲媒体对中国的报道缺乏公正，多报黑暗面，对成就视而不见，与中国媒体努力弘扬西方文明的报道形成反差。"（《欧洲法语媒体中的中国形象》，新华网，2013 年）

《中国记者》杂志上的这篇文章，或许最能说明中国主流媒体是如何看待欧盟媒体对中国的报道的。

总的来看，对欧盟和西方媒体的批评主要集中在以下三个方面。

一　选择性议题设定

对国外媒体的第一种批评意见是，认为国外新闻记者对议题的设定具有选择性，其典型表现是一味选择负面话题，而无视正面新闻。批评者认为，国外媒体不仅告诉读者要思考什么，还告诉读者如何去思考。

《青年记者》杂志 2013 年刊登了一篇题为《媒体对外传播议程设置效果简析》的文章，指出：

"许多涉及中国的重大事件比如钓鱼岛事件、南海争端等的报道和评论中，西方媒体主动设置议程，操纵国际舆论走向，造成对中国的负面影响。虽然西方媒体对中国的报道也有真实、客观的一面，但由于意识形态的不同、文化的差异以及现实利益竞争等因素的影响，对中国的报道总体上充斥着傲慢与偏见，负面新闻居多，对中国发展的成就与贡献疏于报道或视而不见，有的甚至谬误重重。"（钱晓文，2013）

二　扭曲事实真相

中国的主流媒体认为，有些欧盟媒体在报道某些问题时扭曲事实真相，其中最突出的是 2008 年发生的西藏打砸抢烧事件。

《人民日报》2008 年和 2009 年曾经出版过两期特刊，专门分析了这一现象，指出有些欧盟媒体在报道与西藏相关的问题时，使用编辑过的或虚假的图片诋毁中国。例如，德国《图片报》（*Bild*）刊登了一篇题为"西藏数百人死亡，抵制中国 2008 年奥运会？"的文章，其标题配的是尼泊尔警察追捕驱赶示威者的照片（*People's Daily*，2009）。

三　批判性话语

中国的一些评论者认为，即使欧盟或其他西方媒体在报道中国问题时确实做到了尊重事实，但他们在报道中使用的语言仍有可能包含负面倾向，可能会误导读者对中国问题形成批判性的思维方式。这些报道中隐含的偏见奠定了一种恐惧与谨慎的基调。例如，这类批判性话语流露出的往往是担忧中国不断增长的经济力量可能带来威胁，而不是将中国的经济增长作为有利于欧洲就业和经济的利好因素。

2012 年，《对外传播》杂志发表了一篇题为"德国媒体 2012 年涉华报道新特点——以德国《明镜》周刊为例"的研究报告，对 2012 年明镜在线（*Spiegel Online*）、《明镜》周刊（*Der Spiegel*）和《经理人杂志》（*Manager - Magazin*）发表的所有涉华报道进行了内容分析。该文认为，总体上看，全部 770 篇涉华报道都表现出了德国媒体对中国既惊奇又恐慌的双重态度。

"在对经济领域的报道中很少有真正意义上是褒奖中国企业的生产能力、技术创新和产品质量的，大多还是用嘲讽的语气谈论中国的版权问题，并对倾销、恶意竞争和贸易保护进行批评。虽然有些报道对中国企业的跨国收购表达了吃惊和一定程度的恐慌，但最后常常转移到政治问题上。"（陈正，2012 年）

文章接下来指出："随着中国经济的高速发展，德国媒体已经不

仅仅吃惊于'中国模式'的成功，更对中国企业的崛起感到了恐慌和害怕。"（陈正，2012年）

在本文的写作过程中，笔者对来自不同国家的欧盟记者以及在中国工作的欧洲媒体进行了一系列匿名访谈①。正如我们下文将阐明的，尽管绝大多数人都将其报道中的不均衡之处归咎于中国方面，但也有记者提出了如下看法。

"我不认为外国记者（西方的，即欧洲和美国等国家的媒体）可以在其关于中国的报道中实现均衡。首先，他们甚至连进行均衡报道的愿望都没有，因为他们的目标或任务不是呈现'均衡观点'，相反，绝大多数人只是假装在以均衡方式从事报道，假装自己代表（在某种方式上）'官方观点'。这是因为，我们很多人都认为自己是人权活动家或环境活动家，甚至是'自由斗士'，而不仅仅是新闻记者。我们中的许多人不仅想要去理解、传达或解释相关信息、形势和现象，而且还想要成为这些信息、形势或现象的活跃的组成部分，并且掺入其本人的观点，但这些观点有些时候是随意编造出来的，而不是从新闻事件本身推导出来的。"（笔者进行的访谈）

他还谴责欧洲媒体犯有"疏忽之罪"。

"我们（外国记者）仅报道事实的一部分，而不是'事实'的全部；而且，我们甚至都没有尝试去向外界展示这个发展中大国的大部分事实，或（中国）体制逻辑的大部分情况。而且，我们也没有尝试去'翻译'他们所使用的语言（目标对象是其本

---

① 为开展本项研究，笔者于2014年3月进行了一系列访谈，文中的许多观点都来自访谈对象。

国公民）、他们的思维方式，及其行为背后的动机，更没有尝试帮助本国读者更好地理解这些语言或思维方式。我们并没有真正尝试（或者希望）理解这个幅员辽阔的国家正在发生的事情，以及为什么发生这些事情；这个国家正在朝哪个方向发展，以及其终极目标是什么。"（笔者进行的访谈）

从中国记者的角度来看，尽管他们与欧盟记者的观点有分歧，但却很重要，并且肯定有助于就欧洲记者是否有能力在其中国问题报道中实现均衡这一问题展开争论。

上文从中国的角度提出了这一问题，下面我们从欧盟媒体和记者的角度，对影响这一问题的一些因素进行分析。

欧盟记者在中国的工作条件

最近 10 多年以来，中国在世界舞台上的作用越来越重要，这也导致欧洲的普通大众对中国越来越感兴趣，为此，有越来越多的欧洲媒体机构向中国派驻了记者，其中大多数记者驻在北京。中国加入世界贸易组织，以及赢得 2008 年奥运会主办权等事件，使得中国越来越受到全世界的关注。

从前，在中国工作的国外媒体在采访个人或机构时要遵守中国政府的规定。2008 年奥运会之前，中国政府进一步放松了对外国媒体的限制（FCCC，2008a）。

王伟是北京 2008 年奥运会申办委员会秘书长，2001 年，他在申办奥运会主办权的过程中曾经指出："我认为，我们将给予来到中国的媒体以完全的报道自由……我们已在申办书中做出承诺，保证欢迎所有国外媒体到北京来"（*China Daily*，2001）。

在 2008 年奥运会召开之前，时任中国总理温家宝签署了一项政府令，从 2007 年 1 月 1 日到 2008 年 10 月 17 日期间临时放松对新闻报道的限制，目的是为了"便于北京奥运会及其筹备期间外国记者在中国境内依法采访、传播和弘扬奥林匹克精神"（中华人民共和国国务院《北京奥运会及其筹备期间外国记者在华采访规定》，2006 年）。

这些新规定中最重要的是第 6 条，它指出："外国记者在华采访，只需征得被采访单位和个人的同意"（同上）。这实际上意味着，外国记者可以在中国的任何地方自由地进行采访，当然，前提是他们需要遵守中国的法律。

这些新规定受到了外国驻华记者的普遍欢迎，尽管仍然存在着一些限制，例如在实施这些法律的方式方法方面的限制，特别是在省一级地方层面。

此后，时任中国国家主席胡锦涛也承诺向国外媒体提供全面支持："我们将按照有关法律法规，继续推动政务公开，加强信息发布，保障外国新闻机构和记者合法权益，为外国媒体在华从事采访报道业务提供便利"（《胡锦涛在世界媒体峰会开幕式上的讲话》，2009 年10 月 9 日）。

与此同时，近年来，中国政府下大力量，努力将本国媒体，特别是新华社和中央电视台，打造成一支举足轻重的全球媒体力量，但至少在欧洲，绝大多数人仍然阅读本地报纸，观看本地的电视新闻节目，并且，绝大多数人都只是阅读或收看用他们自己的语言出版的报纸或播出的节目，而这些报纸或电视节目中既有能够影响他们日常生活的本地问题，也有一些国际新闻，但后者毕竟与他们日常关注的问题相距遥远，尽管这些新闻也很重要。

因此，这样看来，国际媒体对中国的报道对于宣传中国的形象仍有重要作用。

中国政府也意识到了这一点。它正在越来越多地应用国外媒体这一渠道，特别是采用由中国领导人和外交官在国外媒体撰写专栏文章这一形式。而且，中国政府的各个部委都在越来越多地与国外媒体机构进行沟通，特别是，近年来，外交部的新闻发布会从以前的一周3次增加到了周一至周五每天1次，商务部同样也在更积极地与国外媒体进行沟通。

正如一位外国记者所指出的："现在的报道条件与一年前相比差别不大，但与10年前相比有所改善，与15～20年之前相比更是不可同日而语。"（FCCC，2012）

来自欧盟记者母国的压力：读者、编者和媒体所有者

我们上文探讨了欧盟驻中国记者的作用，即本研究的另外一个核心要素是欧洲媒体新闻报道所针对的目标群体。不同的媒体拥有不同的目标群体。《金融时报》（*Financial Times*）的读者希望读到的新闻内容和风格自然与《每日邮报》（*Daily Mail*）读者的要求不同。媒体编辑通常会要求记者针对其读者群的偏好撰写文章。

如果《金融时报》登载了某个故事，那么，这个故事一般情况下就不可能再出现在《每日邮报》，除非某个事件拥有足够吸引几乎所有欧洲读者的所有要素（Brady，2013；Hilke，2013），甚至不仅对欧洲读者，也对几乎全世界的读者都具有吸引力，且不亚于对中国读者的吸引力。

另外，根据我们接触的大多数欧盟记者的说法，在报道中国问题时编辑寻求的是有趣的故事，而不是负面故事。

当我们问到这些记者是否会受到来自于编辑的压力，后者是否会要求他们以某种特定方式撰写关于中国问题的报道时，另外一名欧洲记者回答说：

"不一定。即使有时的确会有一些压力，这种压力也并不是要求我们尽量多报道人权方面的或其他方面的负面事件，而是要求我们尽可能提供关于中国的全面和均衡的描述。"（笔者的访谈）

另外一个更重要的因素是媒体机构所有者的政治主张和政治倾向导致的偏见。在这方面，我要举的例子是匈牙利。2008 年春，西藏发生了打砸抢烧事件，匈牙利当时的执政党是匈牙利社会党（MSZP），而现在的执政党公民党（Fidesz）当时还是反对党。《匈牙利民族报》（*Magyar Nemzet*）的立场是亲公民党的，它当时发表了一些文章诋毁中国的西藏政策（*Magyar Nemzet*，2008）。

然而，在中国前总理温家宝 2011 年访问匈牙利时正值公民党执政，《匈牙利民族报》发表了一篇文章，介绍匈牙利与中国蓬勃发展的关系（*Magyar Nemzet*，2011），其基调与 2008 年完全不同。这说明，该报 2008 年之所以刊登诋毁中国的文章，其真实目的并不是为了抹黑中国，甚至也并不是针对中国，相反，它只是被用作一种政治工具，目的是打击本国的其他政党，或者至少让其他政党感到难堪。

基本价值观

"专业记者协会"（The Society of Professional Journalists）制定的《职业守则》前言指出：

"专业记者协会的成员相信，启迪公众是正义的先驱，也是民主的根基。记者的责任是，通过寻找真相，公平及全面地报道和叙述有关事件和议题，以实现启迪公众和促进正义的目的。所有媒体和有良知的记者及专业人士都应努力以全面和诚实的态度服务大众。职业道德是记者信誉的基石。本协会的成员共同致力

于职业道德行为，并通过本守则以彰显本协会的原则和行为标准。"（专业记者协会，2014 年）

该守则接下来列举了以下目标：第一，尽力寻找真相，并报道真相；第二，将对当事人的伤害降低到最低程度；第三，独立原则；第四，负责任原则。与此同时，皮尤研究中心的新闻项目（Pew Research Journalism Project，2009）提出了它所认为的新闻工作的 9 项核心原则，分别为：第一，新闻媒体的首要义务是真实；第二，要忠实于公民；第三，新闻媒体的基石是核准和查证原则；第四，新闻从业者必须独立于其报道对象；第五，新闻媒体必须承担对权力进行独立监督的作用；第六，新闻媒体必须为公众提供一个提出批评的平台；第七，新闻媒体必须努力做到对重要事件的报道既有意思，又有意义；第八，新闻报道必须全面、适度；第九，必须允许新闻从业者依从个人良心行事。当然，要让所有欧洲记者在任何时候都遵守上述全部原则是不可能的，但这是欧洲和西方传统中新闻业的理想状态。

中国的新闻媒体和西方是有差别的，这一点很自然。例如，2014年，中国的记者资格考试引入了意识形态内容，这在历史上尚属首次（*South China Morning Post*，2013）。

中国国家新闻出版广电总局认为，增加意识形态考查的目的是为了"教育和引导新闻采编更自觉地拥护马克思主义新闻观，更好地为人民、社会主义、党和国家的工作服务"（Bree and Li，2013）。在参加考试之前，新闻从业者需要复习一份长达 700 页的学习材料。

该教材指出："中国和西方在实现现代化的道路方面存在着分歧，因此，东西方差异是正常的。世界上并不存在某种固定的发展模式，或者相同的发展道路。现代化不是西方化，当然也不是美国化"（Bree and Li，2013）。

该教材还提到："与西方国家不同，我国新闻媒体最重要的功能是作为党和人民的耳朵、眼睛和喉舌。为了能够实现这一功能，我国新闻媒体必须忠诚于党、服从党的领导，对党忠诚应成为新闻职业的原则"（Bree and Li，2013）。

结　论

皮尤研究中心的新闻研究项目指出："记者依靠专业纪律去核实信息。在'客观性'这一概念最初的发展过程中，并不意味着新闻记者不会产生偏见。相反，该原则要求采用一种能够核实信息准确性的一致方法，即获取证据的透明渠道，这样，个人和文化方面的偏见就不会妨碍其工作的准确性。这种方法是客观的，不由记者个人的偏好决定。寻求多个见证者，尽可能明示消息来源，或者寻求各种不同的评论，所有这些都意味着此种标准的客观性。信息核实这一原则是区别新闻业与其他交流方式（例如宣传、小说或娱乐活动）的重要因素"（Pew Research Journalism Project，2009）。

因此，就出现了这样一个问题，如果新闻记者无法履行其应当履行的一项最重要功能，那么，他们怎样才能做到真正的平衡？

我们认为，最低程度的解决方案是，中国政府部门可以像欧盟机构那样成立一个发言人办公室，其工作人员由来自政府各部委和各机构的专业发言人及新闻官员组成，以便及时回答记者的问题。这样一来，某些外国记者关于缺乏透明度和难以获得信息等问题的抱怨就可以得到平息。

对于中国而言，增加透明度还能够带来另外一个积极影响，即，最终引导那些关于所谓"中国威胁论"的陈词滥调向实用主义方向发展。人类最大的恐惧来自"未知世界"。尽管中国实行改革开放政策已有将近40年之久，但是，对于距离遥远的欧洲民众来说，中国仍然有很多神秘之处。如果中国政府能够以更开放和更令人愉快的态度对待外国媒体，那么，通过这些新闻媒体就可以向全世界传递一个信息，即中国不再令人恐惧。反过来，这也有助于改变欧洲民众对中国的认知，让他们不再用一种模式化的和根深蒂固的观点看待中国。中国政府也可以借助欧盟媒体让欧盟公民了解新中国的情况，因为欧盟公民更多的是通过本地媒体了解信息。

最后，笔者想谈谈媒体对政府的批评。尽管到目前为止还没有人对该问题做过专门研究，但我们敢担保，欧盟媒体对欧盟的批评和负面评价并不比对中国的批评少，英国媒体尤其如此。

有些中国人也认识到了这一问题。例如，2009 年 3 月 31 日，《南方都市报》刊登了一篇题为"外国媒体批评 ≠ 中国形象变坏"的文章。文章认为：

> "欧洲的媒体喜欢批评一切权力机构。在欧洲，政治体系是三权分立的，立法、行政、司法系统三权分立，互相制约，谁都不要太强大。批评一切太强大的机构，是媒体的权利。现在中国变得越来越强大，欧洲关于中国的报道也越来越多，批评也越来越多。但这不是批评，而是因为欧洲媒体在意中国。"（《南方都市报》，2009）

洪浚浩是美国纽约州立大学传播系终身教授，他也曾做过类似评论。

> "在中国，从上到下，不管是高层官员、知识分子、大学生，或是最普通的工人、农民，大家都非常关心外媒对本国的报道。最近几年，美国媒体对中国的报道，已经成为国人最关心的话题之一。而实际情况是，美国是强调实证研究的国家，大量研究数据已经证明，大部分美国媒体的日常报道都是负面的，这已经没

有争议。这是根源于不同政治制度、社会结构、媒体理念、文化传统的不同的媒体生态。美国媒体并不是像我们想象的那样，对中国一贯采取妖魔化的手段。"（转引自徐隐啸，2012）

麦克·佩蒂斯（Michael Pettis）是北京大学光华管理学院的一名经济学教授，他曾经说过：

"我多年来一直告诉我的学生们，随着中国成为一个世界大国，对中国的批评将会与日俱增。正如美国人已经学会如何应对这一问题一样，中国也将不得不学会如何应对这一局面。我希望，在愤怒过后，应该对这些问题的复杂性进行一些反思。"（转引自 Drew，2008）

正如美国的崛起是 20 世纪世界上最重要的事件一样，中国故事正在成为 21 世纪最伟大的事件。这正像一部史诗，既有和谐也有矛盾，既有善也有恶，既有欢乐也有痛苦，既有悲剧也有喜剧，这些贯穿了人类发展进程的始终。中国崛起的故事值得以忠实和完整的方式被世人了解，包括其中的所有问题。当然，作为一支正在崛起的世界力量，中国也需要在讲述中国故事的过程中，坦然接受批评。

参考文献

陈正：《德国媒体 2012 年涉华报道新特点——以德国〈明镜〉为例》，《对外传播》2012 年第 12 期。

冯仲平：《中国与世界系列访谈：应巧妙利用西方媒体分歧》，http://news. sohu. com/20080423/n256478982_1. shtml（accessed on 12 October 2015）.

南方都市报：《外国媒体批评≠中国形象变坏》，http://epaper. oeeee. com/A/html/2009 - 03/13/content_729109. htm，last accessed on 12 October 2015.

钱晓文：《媒体对外传播议程设置简析》，《青年记者》2013 年 12 月，http://qnjz. dzwww. com/dcyyj/201312/t20131227_9421641. htm，last accessed on 12 October 2015.

曲星、苏晓晖、李静：《西方媒体涉华形象的形成机制与利益驱动》，《当代世界》2012 年第 5 期。

《西方媒体西藏报道：歪曲不断，臆想成习惯？》，人民日报，http://media. people. com. cn/GB/40699/9052447. html，last accessed on 12 October 2015.

《欧洲法语媒体中的中国形象》，新华社，http://news. xinhuanet. com/newmedia/2013 - 09/03/c_125307779. htm，last accessed on 12 October 2015.

徐偲骕："洪浚浩：对西方媒体涉华报道的偏见"，《人民日报》2012 年 7 月 25 日，http://media. people. com. cn/n/2012/0725/c346333 - 18595270. html，last accessed on 12 October 2015.

中华人民共和国国务院新闻办公室：《他者的视角：西方媒体的态度与倾向》，http://www. scio. gov. cn/wlcb/llyj/Document/495208/495208. htm，last accessed on 12 October 2015.

Agence France Presse, "Chinese Media Hurls Racist Slur at Departing US Ambassador", *Business Insider*, 1 March 2014, http://www. businessinsider. com/chinese-media-hurls-racist-slur-at-departing-us-ambassador-2014-3, last accessed on 12 October 2015.

Beijing Municipality, "Detailed implementation of Beijing Wangfujing Pedestrian Street Management Regulations" (Beijingshi Wangfujing buxingjie diquguanli guiding shishi xize.), http://wfjjgb. bjdch. gov. cn/n5687274/n5723766/n5741389/9494438. html, last accessed on 13 October 2015.

Bree Feng and Mia Li, "Are You Qualified to Be a Journalist in China? Take the Test", *New York Times*, December 232013, http://sinosphere. blogs. nytimes. com/2013/12/23/are-you-qualified-to-be-a-journalist-in-china-take-the-test/, last accessed on 12 October 2015.

China Daily, "Journalists to write whatever they like if Beijing holds 2008

Games", http://www. chinadaily. com. cn/en/doc/2001 – 07/12/content_69970. htm, last accessed on 12 October 2015.

Evan Osnos, "What Will It Cost to Cover China?", *The New Yorker*, 18 November 2013, http://www. newyorker. com/online/blogs/comment/2013/11/what-will-it-cost-to-cover-china. html, last accessed on 12 October 2015.

Foreign Correspondents Club of China, "Reporting Interference Tally Update" (2008b), http://www. fccchina. org/2008/12/03/reporting-interference-tally-update/, last accessed on 12 October 2015.

Foreign Correspondents Club of China, "Results of July Membership Survey", 6 August 2009, http://www. fccchina. org/2009/08/06/results-of-july-membership-survey/, last accessed on 15 October 2015.

Foreign Correspondents' Club of China, "FCCC Tibet Survey and Statement", 29 June 2010, http://www. fccchina. org/2010/06/29/fccc-tibet-survey-and-statement/, last accessed on 15 October 2015.

Foreign Correspondents Club of ChinaStatement, "New Details on Wangfujing Interference" (2011a), http://www. fccchina. org/2011/02/28/new-details-on-wangfujing-interference-3/, last accessed on 12 October 2015.

Foreign Correspondents Club of China, "FCCC Member Survey Highlights" (2011b), May 2011, http://www. suspects. be/oic/2011/05/index. html, last accessed on 15 October 2015.

Foreign Correspondents Club of China Statement, "Statement: Correspondent Expelled" (2012a), 8 May 2012, http://www. fccchina. org/2012/05/08/correspondent-expelled/, last accessed on 12 October 2015.

Foreign Correspondents Club of China, "FCCC Membership Survey Highlights" (2012b), 31 May 2012, http://www. fccchina. org/2012/05/31/2012-fccc-membership-survey-highlights/, last accessed on 15 October.

Foreign Correspondents Club of China, "FCCC Annual Working Conditions Report", 3 July 2013, http://www. fccchina. org/2013/07/03/fccc-annual-working-conditions-report-2013/, last accessed on 15 October 2013.

Foreign Correspondents Club of China, "FCCC Visa Survey 2013 Findings", April 2015, http://www. fccchina. org/2015/04/25/fccc-visa-survey-2013-findings/, last accessed on 15 October 2015.

Foreign Correspondents Club of China (2008a), Regulations Concerning Foreign Journalists and Permanent Offices of Foreign News Agencies, http://www. fccchina. org/reporters-guide/chinas-reporting-rules/, last accessed on 12 October 2015.

Foreign Ministry, "Foreign Ministry Spokesperson Qin Gang's Regular Press Conference:, 27 March 2008, http://www. china-un. org/eng/fyrth/t419160. htm, last accessed on 12 October 2015.

Garrie Van Pinxteren G, "Foreign media on China: beyond positive and negative reporting", *Cligendael Asia Forum*, http://www. clingendael. nl/publication/foreign-media-china-beyond-positive-and-negative-reporting? lang = nl, last accessed on 12 October 2015.

George Cunningham, "EU Public Perceptions of China and Policy Implications", *Glasgow University Report*, 31 October 2012, https://encrypted. google. com/url? sa = t&rct = j&q = &esrc = s&source = web&cd = 2&cad = rja&uact = 8&ved = 0CCUQFjABahUKEwiphZ28tb7IAhVEshQKHfUnA0I&url = http% 3A% 2F% 2Fwww. gla. ac. uk% 2Fmedia% 2Fmedia_257518_en. doc&usg = AFQjCNE3kwJPSG4-iTMbZPE-VjBpHSi4gs1Q&bvm = bv. 104819420, d. d24, last accessed on 13 October 2015.

Hu Jintao, "Speech at the World Media Summit", 9 October 2009, http://www. bjreview. com/headline/txt/2009 – 10/09/content _ 223050. htm, last accessed on 13 October 2015.

Ian Johnson, "Call for Protests in China Draws More Police than Protesters", *New York Times*, 27 February 2011, http://www. nytimes. com/2011/02/28/world/asia/28china. html, last accessed on 12 October 2015.

International Press Center, "Regulations of the People's Republic of China

Concerning Reporting Activities of Permanent Offices of Foreign Media Organizations and Foreign Journalists (Decree of the State Council of the People's Republic of China No. 537, 2008), http://ipc. fmprc. gov. cn/eng/wgjzzhznx/fj/t541164. htm, last accessed on 12 October 2015.

Jill Drew, "Protests May Only Harden Chinese Line", *Washington Post*, 24 March 2008, http://www. washingtonpost. com/wp-dyn/content/article/2008/03/23/AR2008032301595. html, last accessed on 12 October 2015.

Jonathan Watts, "One journalist's view", *Reporter's Guide of FCCC*, 2008, http://www. fccchina. org/reporters-guide/one-journalists-view/, last accessed on 12 October 2015.

Kathrine Hille, "Bo Xilai trial exposes the man and his rivals", *Financial Times*, 26 August 2013, http://www. ft. com/intl/cms/s/0/6d183392-0e0d-11e3-bfc8-00144feabdc0. html#axzz2x8BaaQM6, last accessed on 12 October 2015.

Magyar Nemzet, "Human Rights in Tibet-MSZP does not denounce China" (EmberijogokTibetben-Az MSZP nemítéli el a KínaiNépköztársaságot), 20 May 2008, http://mno. hu/belfold/emberi-jogok-tibetben-az-mszp-nem-iteli-el-a-kinai-nepkoztarsasagot-390672, last accessed on 12 October 2015.

Magyar Nemzet, "Historical cooperation with China/ The Hungarian visit of Wen Jiabao brings unprecedented agreements" (Történelmi együttműködés Kínával / Példá-tlan megállapodásokat hozott Ven Csia-pao miniszterelnök magyarországi látogatása), July 720-11, http://mno. hu/migr_1834/tortenelmi_egyuttmukodes_kinaval – 186335, last accessed on 12 October 2015.

Michele Penna, "China's multi-billion dollar charm offensive", *Asian Correspondent*, 22 November 2012, http://asiancorrespondent. com/92381/chinas-soft-power/, last accessed on 12 October 2015.

Neil Gough and Ravi Somayia, "Bloomberg Hints at Curb on Articles about China", *New York Times*, March 20, 2014, http://www. nytimes. com/2014/03/21/business/international/bloomberg-should-have-rethought-articles-on-china-chairman-says. html, last accessed on 12 October 2015.

Pew Research Journalism Project, "Principles of Journalism", http://journa-listsresource. org/tip-sheets/foundations/principles-of-journalism, last accessed on 13 October 2015.

Ravi Somayia, "Editor Leaves Bloomberg, Citing China Coverage", *New York Times*, March 24, 2014, http://www. nytimes. com/2014/03/25/business/media/editor-leaves-bloomberg-citing-china-coverage. html? smid = fb-share& _r = 0, last accessed on 12 October 2015.

Roy Greenslade, "China imposes censorship on reporting of knife attack", *The Guardian*, 6 March 2014, http://www. theguardian. com/media/greenslade/2014/mar/06/censorship-china, last accessed on 12 October 2015.

Severin Weiland, "Chinese Premier in Berlin: Wen Jiabao Goes Shopping and Vows to Help the Euro", *Der Spiegel*, 28 June 2011, http://www. spiegel. de/international/world/chinese-premier-in-berlin-wen-jiabao-goes-shopping-and-vows-to-help-the-euro-a-771165. html, last accessed on 12 October 2015.

Society of Professional Journalists, "SPJ Code of Ethics" (2014), http://www. spj. org/ethicscode. asp, last accessed on 12 October 2015.

South China Morning Post, "Chinese journalists required to pass ideology exam as Communist Party tightens control", 19 December 2013, http://www. scmp. com/news/china/article/1385849/chinese-journalists-required-pass-ideology-exam-communist-party-tightens, last accessed on 12 October 2015.

State Council of the People's Republic of China, "Regulations on Reporting Activities in China by Foreign Journalists during the Beijing Olympic Games and the Preparatory Period", 1 December 2006, https://en. wikisource. org/wiki/Regulations_on_Reporting_Activties_in_China_by_Foreign_Journalists_During_the_Beijing_Olympic_Games_and_the_Preparatory_Period, last accessed on 13 October 2015.

Sunny Lee, "China grooms new breed of journalists", *Asia Times*, 4 September 2009, http://www. atimes. com/atimes/China/KI04Ad01. html, last accessed on 12 October 2015.

Tara Brady, "Disgraced Chinese politician Bo Xilai whose wife was responsible for murder of British businessman defends himself at corruption trial by claiming she stole government funds", *Daily Mai*, August 25, 2013, http://www. dailymail. co. uk/news/article-2401694/Chinese-politician-Bo-Xilai-defends-corruption-trial. html, last accessed on 12 October 2015.

第六章
西欧在线媒体呈现的
中国形象：欠缺公平和准确

德克·尼姆吉尔斯[*]

摘　要： 本文聚焦于西欧在线媒体对中国形象的描述，同时探讨英国、荷兰和比利时等国的在线报刊与博客对中国问题的报道。通过具体案例研究，笔者揭示了为什么上述媒体关于中国问题的报道绝大多数都是负面的，本文特别解释了这些报道的不准确性、存在的偏见和特定的政党倾向。本文进一步研究了新闻工作与行动主义（activism）之间的复杂关系，阐明了关于中国的负面意见的形成过程。在这一过程中，媒体的态度起到了很大程度的推波助澜作用。通过说明西欧媒体对中国的报道中存在的缺陷，例如对信息的歪曲或自我审查，本文认为西欧媒体的报道缺乏客观性，同时也指出了中国和欧洲记者应该采取哪些措施，才能克服报道中存在的不平衡和偏见，并朝更公平和更准确的方向发展。

---

* Dirk Nimmegeers.

导 言

本文聚焦于某些英语和荷兰语在线媒体，即，英国、荷兰和比利时等西欧国家的一些在线媒体。笔者本人是"ChinaSquare. be"网站的一名编辑，该网站是一家提供中国新闻和相关评论的博客站点。由于工作原因，笔者经常浏览和访问上述几个国家的在线报刊和博客。由于西欧媒体常常大量引用美国的信息来源，因此，本文也会提到这些信息源。就笔者本人的信息来源而言，由比利时瓦伦尼亚地区外贸与投资署（Awex）新闻官阿兰·吉拉德（Alain Gillard）和"谷歌新闻"共同编撰的《中国报刊评论》（Chine revue de presse）认为，总体上说，本文提到的这几个国家的媒体对中国问题的报道是可以接受的，也比较准确和全面。《中国报刊评论》提供的材料既可靠、又科学，也很全面，它的所有观点都以科学研究和相关国家专业记者的陈述作为支持论据。我们假设他们描述的现象和提供的解释也适用于其他西欧国家，如德国和法国（Obbema，2013：55 – 64；Tao and Page，2013：850 – 867；van Oss，2013）。

首先，本文将大体描述在线媒体是如何报道中国问题的。与中国有关的很多新闻、评论和分析仍然往往是不准确、具有政党倾向和有失偏颇的。其中很多瑕疵都可以归结于偏见和政党倾向等方面的立场。在关于中国问题的报道中，经常很难区分哪些是新闻工作，哪些是行动主义。有很多文章，包括那些久负盛名的媒体上登载的文章，也只不过是将新闻事实作为阐释党派理论的跳板。接下来，本文将对正面因素和负面因素这两者进行评估，并且将就负面报道之所以占绝大多数的原因给出三种可能解释。最后，本文将向欧洲和中国的记者提出一些建议，以便他们在报道中国令人惊叹的发展情况时，能够做到更加平衡、更加准确和更加公平。

在线媒体呈现的中国形象

目前，在线媒体比以往任何时候都更加关注中国。然而，不管是新闻报道，还是评论和分析，都仍然往往是不准确的、具有政党倾向，且具有偏见性。它们在主题和措辞的选择方面，也往往具有负面倾向。

一　不准确性

一般情况下，中国常常被描绘为一个第三世界的、主要由耕地构成的农业国家，或者是像乌克兰那样的一个东欧国家。然而，事实上，这往往要么是恶作剧，要么就是对世界银行数据（关于农业项目或援助的数据）的错误解读。2013 年 5 月，久负盛名的《金融时报》刊登了一篇标题耸人听闻的文章："中国的制造业降至 7 个月以来的最低点。"这篇文章提到了采购经理人指数，这是评估采购经理人期待值的一个指标，但其结果往往被证明是不准确的。它只是在一定程度上表明了上未来增长情况有关的某些迹象，但绝非等同于真实的生产过程。《金融时报》的在线网站很快更正了这一错误，但此前这篇文章已经被全世界数十家出版物引用或转载。

2008 年，德国电视新闻频道 N–TV 在关于西藏"3·14 事件"的报道中使用了一张图片和一份视频短片，而事实上，该图片和短片都是在尼泊尔拍摄的。尼泊尔是与中国相邻的一个国家，有很多藏族人在那里居住。其他一些西方媒体也是如此，例如 BBC 和 CNN。中国学生对此感到十分愤怒，他们在北京建立了一个名为"反对 CNN"的网站，并将来自 CNN 和西方媒体的新闻报道贴在该网站上。这些报道既有外文原文，也有翻译过来的中文文本。

二 选题和措辞方面的负面倾向

在选择报道的主题时，媒体往往倾向于一些耸人听闻的事件。2011 年 10 月，四川省泸县 1 名 5 岁男孩熊茂科在从幼儿园回家的路上被一辆大货车撞倒。男孩当即身亡。但他的尸体直到 7 个小时之后才被从车轮下挪出，原因是村民要求司机立刻进行赔偿。目击者称，该男孩被故意碾压了两次。这一恐怖事故被多家西欧媒体转载，尽管经过调查发现，这一说法并不真实。相反，事实的真相是，货车司机亲自打电话报警，并且很快进行了赔偿。该名货车司机的做法和态度没有任何问题。

而在一些关于政治事件的报道中，耸人听闻的新闻（或编造出来的故事）往往能够转移人们的注意力，使人们不再去关注反腐败斗争的严肃性和长期性，也不再去关注反腐败斗争取得的胜利。我们很少看到关于下列事实的报道，即有腐败行为的官员只是少数；反腐败斗争对各个层面的官员一视同仁；调查和预防的方法也在得到不断改进。另外一个显著的、也确定无疑是最恶劣的现象之一是，西方媒体常常采用一种具有暗示性或贬低性的方式描述中国的官方媒体、某些个人或机构。

三 突出重大问题，忽视伟大成就

西方媒体广泛报道中国存在的困难、权力滥用和个别失误问题，而不太情愿报道中国的最佳实践或伟大成就，或者仅对成就轻描淡写地一带而过（Jacques, 2013; Tao and Page, 2013: 853 - 8）。自从中国 1978 年实行改革开放政策以来，大约有 5 亿人民摆脱了贫困状态。2008 ~ 2012 年，中国的年均经济增长率达到了创纪录的 10%。中国超过日本，成为世界第二大经济体，后来又超过德国，成为世界上最大的出口国。这些史无前例的进步，为普通中国人创造了更好的生活条件和现代的舒适环境。城市居民的收入年均增长率为 8.8%，而农村居民的收入年均增长率则达到了 9.9%。城市创造了将近 6000 万个就业岗位，有超过 8000 万农村居民到城市就业和生活。政府用于教育的支出年均增长率达到了 21.6%，用于科技领域的支出每年增加了 18%，新修了数千公里铁路和公路（Editorial Office World Bank，2014；Jacques，2009：151 - 193，160，162，222）。

然而，近年来，西方媒体对中国经济的评论一直是负面的，要么强调中国可能带来的威胁，要么对中国未来的发展前景表示悲观。而在涉及社会问题时，西方媒体报道的焦点不是污染就是不平等。西方媒体反复"预言""中国经济奇迹的崩溃"。例如，中国巨额债务等不利因素受到的关注远远超过对这些现象进行解释的论据和事实，西方媒体也并未将这些不利因素置于特定的背景之下。从比较的视角来看，中国中央政府和公民的债务数额仍很有限，无法与美国的次级贷款相提并论。企业的负债率的确很高，但也不能就此认为，不存在任何解决此类问题的办法。到今天为止，中国规模最大的公司和所有大型银行都仍然是国有企业。中国政府将宏观经济效果、合理的增长和就业视为重中之重，而且倾向于通过大规模基础设施投资拉动经济，这对绝大多数人民都是有益的，但此种原因往往被西欧媒体无视。

中国为国际和平与稳定做出了重要贡献。它促成了朝鲜半岛六方无核化会谈；它到目前为止参与了联合国的 25 次多边行动，派遣了数千名维和人员，是联合国安理会 5 个常任理事国中派遣维和人员最多的国家。中国的确在对其军队力量实行现代化，但认为中国在增加军费开支的说法有很多夸大的成分。斯德哥尔摩国际和平研究所的军事开支数据表明，中国的军费开支还不到美国军费开支的 1/5。2013 年，中国的军费开支占国内生产总值的比例仅为 1.5%，而全世界所有国家的平均比例是 3%。中国的人均军费支出更是远远低于美国、法国、英国、俄罗斯、德国和日本等国家。根据人均军费支出排序，中国在军费开支最多的前15个国家中排名第14位，仅高于印度。中国向非洲、拉丁美洲和南亚的许多发展中国家提供了慷慨的经济援助和人道主义援助：其形式包括赠款、减免债务、政府资助的投资项目和优惠贷款等。中国为国际社会的繁荣做出的贡献同样不可小视。中国的经济规模及其快速增长使其成为了世界经济增长的重要引擎。中国经济遭受2008年金融危机的影响最小。中国似乎正在引领全世界走向经济恢复——尽管比较缓慢，但恢复进程一直在持续。此外，由于中国没有减持美国债券，从而为世界金融市场注入了信心。中国对世界经济和金融的贡献得到了国际货币基金组织的认可，后者因而提高了中国享有的配额，使其成为该组织的第三大成员（Tao and Page，2013：853 – 854）。

　　然而，在绝大多数西欧媒体的描述中，中国的形象仍然是一个贪婪、以自我为中心的"好战"民族。有一名记者和一位汉学家向荷兰新闻网站"记者"（De Correspondent）的读者提问，要求他们回答，对于中国在非洲的作用而言，他们认为哪种认知是最严重的错误认知。这些读者事先得到了大量解释和暗示，导致读者的假设主要是负面的，例如，认为中国不尊重人权、大自然和非洲的当地工人；掠夺当地的资源，等等。一方面，中国由于一贯坚持不干涉政策而备受谴责。和平解决争端；尊重主权和领土完整；无论国家大小，所有国家一律平等等原则，一直受到中国的高度重视。但这往往被解释为对相关问题没有真正的立场（例如叙利亚问题、乌克兰问题等）。另一方面，西方国家却认为中国政府在本土范围内太过"活跃"。虽然西方政府和媒体都公开声称对中国东海和南海的领土纠纷保持严格中立，但是，很显然，在中国政府采取了包括宣布设立"防空识别区"等措施以捍卫领土主权，并保护自己免受日本某些政治派别军国主义立场的侵害之后，西方政府和媒体却凭空想象出所谓中国的民族主义和军国主义威胁等完全不符合实际的可能性（Anderlini J，2014）。

在互联网出现之后，发生了哪些新情况呢？2013 年底，中国为拥有 6.18 亿名互联网用户感到骄傲，在这些网民中，有 70% ~ 80% 通过移动设备访问互联网。2012 年，诸如微博等社交媒体的使用情况出现了令人咋舌的井喷式增长，博主的数量猛增到 3.09 亿人。但到 2013 年 12 月，仅有 2.81 亿名博主仍处于活跃状态。有 1/3 的人放弃了微博，转而使用微信。通过微信交流仅限于范围更窄的朋友圈子。其中一个原因在于，由腾讯公司负责运营的微信平台提供了一种更具竞争力的服务。中国屏蔽了一些全球性社交媒体，但它拥有其他一些本土替代方式：搜索引擎百度；新浪微博（类似于"推特"）；人人网（"脸书"的替代物）和优酷（You Tube 的替代物）。Linke-dIn 对于进入中国市场很感兴趣，而且很有可能成功。

很显然，中国的社交媒体领域仍然充满活力和吸引力。根据最高人民法院发布的一项司法解释，在中国，如果在网上发布不实评论，同时其评论被大量转发，那么他就有可能被判处最多 3 年的入狱监禁。如果同一诽谤信息被点击、浏览的次数达到 5000 次以上，或者被转发次数超过 500 次以上，那么他就将被判处诽谤罪。该司法解释指出，那些有偿删除在线信息，或者有偿发布虚假信息的公司，也将被予以惩罚。有些西方分析人士和记者认为，这项规定"旨在严厉制裁或控制一般性在线观点"，并对其予以了很多关注。但是，很少有人注意到——但至少有些人注意到了——"没有任何国家会认为造谣或诽谤他人是'言论自由'"，这一点是显而易见的。

只有极少数评论提到了中国政府的如下意愿，以及正在采取的相关措施，即希望"因特网在形成公共舆论、自由表达、揭露腐败案件，以及作为压力阀以释放和缓解不满情绪等方面发挥作用"（Esa-rey and Xiao，2011：298 – 319）。如果试着去理解中国政府机构的观点，那就有可能对我们有所启发，尽管要做到这一点似乎很难。哈佛大学社会学家加里·金（Gary King）开展了一项关于所谓"中国审查机器"的研究，他发现，当前一些关于中国审查制度的审查内容，以及被审查的比例等问题的论断并不真实。审查机构事实上是允许对中国领导人和政府政策提出尖刻批评的。谢淑丽（Susan Shirk）是美国圣地亚哥加州大学的中国问题专家，她肯定了这项研究的严谨性。她认为，中国领导人一方面不希望发生骚乱，但另一方面，他们当然也希望获得与人民的意见、抱怨和希望有关的信息。她举的例子是民众针对地方官员的抗议活动。这些抗议活动能够促使最高层领导人对批评言论进行监督，同时撤掉相关官员的职务，从而增强人民对中央政府的信心。加里·金和他的团队也发现了一些证据，表明很多人赞同对有可能造成社会危害的行为进行审查。

偏见和党派倾向

一 双重标准

双重标准这一问题近年来在西方媒体中表现得非常明显。中国记者比较了西方媒体在报道中国昆明发生的持刀暴力恐怖事件时使用的措辞，以及在报道一年前2名持刀歹徒在伦敦杀害1名英国士兵这一事件时使用的措辞。在中国昆明的事件发生后，英国媒体用"持刀攻击"、"暴力"、"事故"等词汇来描述该事件。而一年之前，在报道伦敦发生的事件时，同样的媒体使用的措辞则是"恐怖袭击"、"恐怖主义"、"令人极为恐惧的攻击"、"真正的野蛮"，等等。

二 新闻工作还是行动主义？

有时候，我们很难明确区分新闻工作和行动主义的界线，这也包括那些久负盛誉的出版物登载的文章。

西方媒体往往给人们造成这样一种印象，即认为在中国，争论被完全禁止。这与事实并不相符，我们可以举两个例子说明这一点。
2008 年，英国记者马克·莱昂纳德（Mark Leonard）出版了一本著作，题目为《中国在想什么?》（*What Does China Think?*），在该书中，他从多个侧面全面论述了中国内部的争论情况。4 年之后，莱昂纳德主编的新著《中国 3.0：理解新中国》（*China 3.0*）问世，该书封底提出了一个问题：“为什么我们对那些正在塑造中国未来的思想家们几乎一无所知？”另外一个例子是莱昂纳德的著作中没有提到的所谓“持异见者”，除非他们越过一定的界限，否则一般情况下他们都会被宽容对待。

三　理论

有大量文章，包括在那些久负盛名的媒体上刊登的文章，都采用一些新的事实作为主要跳板，反复不断地阐述具有党派倾向的理论。做出预测，并用“事实”来“证明”这些假设，似乎比通过艰苦的资料收集，并以此为基础描绘客观场景更加重要。这些假设包括，我们前面提到的那些认为中国很快就会崩溃的理论，以及将中国视作非洲殖民者的理论等。

评　估

一　总体上的负面描述及对这一现象的评价

必须承认，从目前来看，我们还无法绕开针对中国的负面结论。从表面上看，这些结论似乎通过科学研究的发现得到了“验证”，也得到了人们的公开讨论。谢韬和本杰明·佩奇（Benjamin Page）曾经对中国在多个国家的国家形象问题开展过多项调查。他们应用民调结果（例如“皮尤研究中心全球态度项目”）而不是媒体报道来评估中国的国家形象问题，并且提出，日后再单独研究媒体报道对中国形象的影响这一问题。然而，他们并没有否认，新闻媒体的报道对于公共舆论，以及人们对其他国家的认知产生的影响十分重要，因为我们生活在"一个大众媒体无处不在的时代"。这对他们来说似乎是很明显的判断。他们指出，尽管中国在过去 30 年间，在国内和国际领域都取得了显著成就，也做出了重要贡献，但在很多国家，中国的形象都"不是正面的"。他们也参考了"大量研究"，这些研究"绝大多数是通过对媒体报道的内容进行分析后得出的证据"（Tao and Page，2013：853 - 854）。中国学者的研究尤其表明，国外媒体在报道中国问题时具有高度选择性，突出强调人权问题、环境恶化、腐败，或者中国不断增强的经济和军事力量有可能对地区稳定和国际稳定造成潜在威胁等（Tao and Page，2013：853 - 854）。

在他们所参考的研究中，其中有一项是郭可的文章"西方媒体报道关于中国的认知"。文章讨论了中国学者和派驻中国的国外记者对西方媒体报道的认知，其中举的例子是西方媒体对 2008 年中国发生的三个新闻事件的报道：西藏"3·14 事件"、汶川地震和奥运会。郭可引用了一位德国学者 J. 胡特尔（Hutterer J.，2007）的研究，指出："考虑到中国和西方之间巨大的历史与文化差异，中国受到西方媒体的批评，并多以负面形象出现，这一点并不令人感到意外。但是，西方大众媒体对中国的评论总体上是错误认知，或者是脸谱化的认识，这一点有时会令中国担忧。"

毛溪①在"半岛电视台和新华社：正在出现的声音？——布鲁塞尔国际记者对国际新闻来源机构的信任度"（*Al Jazeera and Xinhua, the Emerging Voices? - Brussels' International Journalists' Credibility towards International News Source Organizations*）一文中指出，中国学者

---

① 音译——译者注。

的感受是："在西方主流媒体，中国政府机构的形象不是被扭曲，就是被错误地描述"（College of Europe，2014）。弗柯·奥比马（Fokke Obbema）是一名荷兰记者，他努力让读者看到西方新闻媒体关于中国问题的报道背后的一些原因，并且承认，将中国，尤其是中国的政府机构和领导人置于负面评论的框架下，这是编辑和主编们愿意看到的，他们也是这样向记者建议的。"那些以更平衡的方式进行报道的文章，例如关于中国不断增强的新闻自由和科学研究自由的报道，很快就会被'枪毙'，因为它们与当前的通行观点不符。"他接下来还提到了互联网："这两个观点都是正确的：中国的确存在令人印象深刻的审查体制，但新闻自由也越来越多，这也是事实。西方媒体对于前者予以了过多关注，但关于后者的消息却寥寥无几"（Obbema，2013：65 – 87）。

二 更积极的态度

但是，与过去相比，西方媒体对中国问题的报道已经有了一些进步。从前，中国官方的声音被完全忽视；而如今，在西方媒体上出现了越来越多对中国媒体所刊载文章的摘编。转载此类文章的西方媒体数量与日俱增，BBC 就是其中之一，它开设了专门的中国网页（ht-tp：//www. bbc. com/news/world/asia/china），提供这类文章的摘编，并每天更新。对于这一问题，可能有两种解释。首先，外国记者越来越认识到，他们的中国同行事实上是有良知的，并且能够传递优秀的新闻报道。西方记者如是评判他们的中国同行和媒体对汶川地震的报道："很高兴地发现，他们的中国同行和媒体在对地震的报道中表现得非常出色，西方记者认为，中国记者可以成为世界上最优秀的记者"（Guo Ke，2012）。第二，目前在中国出现了各种私人媒体和商业媒体，以及博客空间（Danwei，2014）。如果欧洲记者给予这些信息来源以发言权，那么，出于平衡的原因，他们就会觉得也有义务给予

"国家媒体"以话语权。

还有其他一些迹象可以表明,事态正在向好的方向发展,例如,荷兰记者弗柯·奥比马在其著作《欧洲人眼中的中国》(*China en Europa*)一书中认为,应采用更加平衡的方式看待中国。不可否认,我们只能在以下两种做法中选择其一:或者谨慎地撰写与通行的观点相悖的文章,并且努力以扎实的新闻调查为基础,尽力从多个角度展现中国复杂的现实情况;或者至少在新闻报道中采取更加平衡和全面的视角。

近年来,有越来越多的中国著名学者或知名人物被邀请到一些研究中心发表主旨演说,如比利时欧洲学院的"中国 - 欧盟关系英博拉耶 - 拉图尔讲席"(InBev – Baillet Latour Chair of European Union – China Relations)或"马达里亚加欧洲学院基金会"(Madariaga – College of Europe Foundation)等,而且,未来我们将在互联网上看到越来越多的此类演说。此外,中国国务院发展研究中心和中国共产党中央纪律委员会的高级官员也曾经在这些场合发表过演说。还有一些中国知识分子也能给我们提供很多有意思的新视角,他们的观点能够给我们很多启发,如张维为教授和政治学学者李世默。很多媒体的文章也在推动此类辩论向更具平衡性的方向发展,同时也引入了更多原创性观点,例如,BBC网站上的文章《中国是世界风能的"最大推手"》;《中国在非洲的神话》(*De Correspondent*);《中国季刊》编辑弗兰克·威廉姆斯(Frank Willems)的文章《中美竞争确实与我们有关》(*Knack online*)等。组织召开"大众传媒与中欧关系"研讨会这一事件本身可能也是表明西方的态度正在发生变化的一个例子。

三 迄今为止,西方媒体对中国问题的报道仍然具有意识形态色彩,且主要是负面的,关于这一现象有三种解释

首先,由于西方新闻界大多从西方报道的角度出发处理与中国相关的问题,特别是外交事务问题,因此,它们均具有以下众所周知的

缺陷：不加判断地互相抄袭彼此的论断（这也正是造成某些分析反复出现的原因）；扭曲的报道，甚至是宣传和夸大新闻作品中的所谓"人情味"等问题。这也许是国外媒体过分关注那些所谓"大 V"的原因之一，也就是新浪微博和腾讯微博（中国最著名的两家微博站点）的著名博主，因为他们不是匿名写作，相反，他们的姓名是得到验证的（因此在他们的姓名旁边有个字母"V"）。在这些知名博主中，有些人撰写一些批判性的和带有煽动性的博客。导致上述缺陷的原因包括商业化、竞争和时间压力等（Davies，2008：1－5，393－397；Goris，2014）。

其次，有人认为，所有媒体都"通过系统性投入，不仅向用户提供内容，而且也向后者提供不同的意识形态"，这种说法是正确的（Mao，2014）。中国不断挑战西方经济和政治模式及其成就的至高无上地位，甚至是西方意识形态与人权观念的至高无上地位。这种挑战对于美国的硬实力和软实力的冲击最为剧烈，这也说明了为什么美国媒体在报道与中国相关的问题时经常采用一种具有煽动性的方式。然而，欧洲人对美国媒体的评价一直很高，而且美国媒体对欧洲媒体的影响也非常大，特别是盎格鲁—撒克逊媒体，但不只限于这些媒体。我们可以这样说，一般情况下，"长期以来，国际记者均倾向于采用更接近于盎格鲁—美国标准的主要新闻机构的观点，因为他们认为这些来源更可信"。新华网的出现提供了一个机会，使人们可以"用亚洲关于普遍问题或全球问题的价值观进行思考"。然而，由于"这也许并不一定能够改变国际记者的日常采访和报道行为"，学者们对如下问题进行了分析，即"有些地区性声音（如新华社）的影响与日俱增，它们是否将对主流新闻来源机构形成挑战？"

这些研究的结果发现："新华社仍然被绝大多数新闻记者视作宣传性的、具有一定倾向性的国家媒体机构，而且，国外记者仅将新华社作为中国方面的一个视角作为参考……他们更愿意相信新华社对国际问题的报道，例如，在涉及朝鲜的问题上，他们认为新华社是值得信任的"（Mao，2014）。

郭可认为："在宏观层面上，如果我们从西方强国与最近30年才作为一个新兴力量出现的中国这两者之间相互冲突的国家利益这一视角看待这一问题，我们就可以理解这一点了，因为双方之间的政治、经济和文化体制有着如此众多的差异。这些潜在差异不可避免地导致了冲突和摩擦，而这种摩擦在2008年，即中国举办奥运会的那一年达到了顶峰。西方媒体在关于中国的报道中突出强调了这些摩擦，而且，2008年，各种性质的重大新闻事件层出不穷"（Guo Ke，2012）。

如果西方记者用正面语气描述与中国有关的事件，或者甚至只是表现出与主流观点的少许细微差别，都会被认为值得怀疑，而且被认为有损一位记者的名声。对于绝大多数西方新闻媒体而言，它们之所以在与中国有关的问题上采取了不公正的立场，其中一个重要原因就在于"同行压力"。

"同行压力是指，你感受到的来自其他新闻记者的压力，这种压力迫使你不去正面描写与这个国家有关的问题。新闻报道当然应该倾向于突出那些负面的和偏离常态的内容。显然，这对中国也不例外。但对于中国而言，还需要加上一点，即，作为记者，你需要表明，你并不支持那个'令人反感的'国家。"（Obbema，2013：55-64；Obbema，2015：42-50）

这名荷兰记者甚至得到了一张"可笑的"和"具有讽刺意味的"建议列表，这是三名"老手"给出的建议，其中一人是为美国《时代》杂志撰稿的记者，他们为刚入行的年轻记者提出了这些建议。这张写满建议和指南的列表这样说：

　　"提到中国富人与穷人之间差距的次数，要比提到目前中国大约有 2 亿中产阶级消费者这一问题的次数多 3 倍……在有行动主义者出现的情况下，要夸大对事件的描述……在进行街头采访时，要从你的向导的翻译中，删除关于中国人的自信不断增强的热情评论。"（Obbema, 2013, pp. 55－64）

　　奥贝玛从中得出了两个结论："中国记者的确受到制度的约束，而西方记者却是被自己的意愿所约束。精确选择那些能够证实自己想要的结论的引文，是非常容易做到的"（Obbema, 2013：55－64）。笔者想再增加一条，即，这一点既适用于他们想要呈现的正面形象，也适用于他们想要呈现的负面形象。

　　对于上述所有偏见和自我审查的一种可能解释是，欧洲的媒体工作者属于知识精英阶层，而且，他们的报道在很大程度上也是为了迎合这部分人群的偏好。这一点不可避免地影响着他们的看法。自我审查的原因不仅源于媒体工作者自身的世界观，而且也源于他们担心被视为那个所谓"令人反感的政权"的捍卫者，并且因而有损他们作为批判性观察人士和分析人士的声誉。他们知道，那些聚焦中国的不足和缺陷，但在政治上绝对正确的故事（在西方框架内），当然会受到欢迎。即使是对科学研究和出版而言，这一点也同样具有令人惊讶的影响。莱顿大学（Leiden University）的丹妮拉·斯托科曼（Daniela Stockmann）曾经就中国媒体的作用做过一项研究，她解释说："只要你对中国的发展情况给予任何正面评论，你就会被归类为你不希望自己成为的那类人。我们希望保持独立。不管你是以正面的还是负面的方式解释我们的数据，都取决于你自己的标准。"在她的经历中，记者们对负面新闻表现出了明显的偏好，而且，她那些从事科学研究的同行也由于这一原因而逃避公开辩论。所有这些情况，都减弱了向人们全面和细致入微地展示中国情况的机会。即使有人撰写了一篇关于中国的平衡的、比较正面的文章，他的老板或负责编辑标题的同行也可能会加以干涉，并将其"改造成为一篇更好的故事"。弗柯·奥贝玛写过一篇文章，内容是认为中国的参与对波尔多葡萄酒产生的影响微不足道，并且提到，中国想要在本国市场销售法国葡萄酒的愿望具有积极影响。然而，标题编辑却将他的文章改成了如下标题："葡萄酒制造工艺流向中国"（*Savoir - faire van wijnmakerij gaat naar China*，Obbema，2015：49 - 50；Obbema，2013：54）。

还有第三个原因，可以说明关于中国问题的报道为什么不那么客观，也不那么以事实为根据——但西方媒体本来可以做到、也应该做到更客观，更以事实为根据。这个原因就是，目前关于中国软实力的报道非常欠缺。另外一个原因是，中国政府对负面报道的回应少之又少，而且更多的是否认，而不是反驳。

建　议

我们首先要澄清，中国的现状远不是完美的。将中华人民共和国描述成为一个天堂一样的国家，无视其面临的挑战和生态环境以及社会方面存在的问题，这既不符合中国人的利益，也不符合其欧洲伙伴和潜在盟友的利益，同样也不符合严肃的新闻工作的利益。然而，如果以不平衡和偏见等文化色彩为基础进行报道，可能会更加有害无利。接受并尊重中国的信息来源（包括官方机构）就中国问题提供的事实、分析和观点，这对任何有价值的项目和参与这些项目的人员而言，都将意味着真正的进步。

一　欧洲记者

欧洲记者以及总体上的西方记者，可以尝试找到一些方法，使他们能够摆脱财务与公司方面束缚他们的一些限制性因素。事实上，他们已经找到了一些办法，如独立媒体动议和公民新闻（citizen journalism）等方式，以及通过众包（crowd‐sourcing）和众筹（crowd‐funding）等形式寻求资助。

如前所述，媒体工作者属于知识精英阶层，他们不仅为后者提供信息，也为其提供观点。如果他们能够更清楚地认识到自己赖以开展工作的意识形态框架，并且认识到这一框架对于他们选择信息来源所产生的影响，以及对于他们回答哪些事件和发展情况具有新闻价值这一问题的影响，那这并不是坏事。他们也许可以尝试着不要理所当然地认为西方的价值观和理念具有优越性；他们可以做好准备去试着更好地了解中国；对于中国人关于自己国家的多种观点，他们也应该表现出知识分子更大程度的求知欲和尊重。这些建议来自德国前总理施密特（Helmut Schmidt）等老一代政治家、莱顿大学的彭轲等科学家，以及马克·莱昂纳德和马丁·雅克（Martin Jacques）等出版商。施密特在评论中国在非洲的做法时指出，欧洲人只看到了中国人的瑕疵，但却没有看到欧洲人自己眼中闪烁的殖民主义的"光芒"。彭轲警告说：

"我们西方人常常忽视的一个问题是，尽管中国的政治体制会产生腐败，但它却是有效的。我们之所以不能理解这一点，是因为我们错误地认为自己在道德方面高人一等。我们用关于我们自己的一种理想化的情景，即认为我们的制度是不可能产生腐败的，来与中国的现实进行比较……西方人可能容易犯的另外一个错误是，他们往往通过比照如下问题来解释中国的发展，即，'这种发展态势在多大程度上是在朝着我们的方向发展？'……这是一种纯粹的意识形态方面的自满自大……认为只有我们自己才是典范"（Obbema, 2013）。

莱昂纳德鼓励欧洲人要"改变他们看待中国的'心理图

谱'……过去，欧洲人认为，随着中国越来越富裕，越来越发达，中国将不可避免地朝着越来越与我们相像的方向发展。但是，中国的内部结构及其与外部世界的结构性关系已经发生了翻天覆地的变化。我们现在必须放弃过去一些先入为主的观念，开始与3.0版的中国进行接触。这才是我们今后的出发点"（Leonard，2012）。

事实上，记者们有时候已经接受了这些信息，尽管他们还有些犹豫不决，并且仍在小心翼翼地捍卫着自己的个性与荣誉："更多了解中国，其目的当然并不一定是由于喜欢中国才对它有更多的了解"；"当然，到目前为止，西方的新闻自由体系比中国的实践更优越。这并不意味着，我们为了避免接受中国的游戏规则而应放弃自我批评。相反，自我批评恰恰是我们的优势之一"（Obbema，2013）。对于尼克·戴维斯（Nick Davies）、弗柯·奥贝玛和尤里斯·卢因迪克（Joris Luyendijk）等知名记者提出的自我批判性质的或批判性的观点，绝大多数记者同行都持赞同态度。

二　中国的机遇

目前，中国正在开展严肃但却是有益的国内辩论（Leonard，2008：5 - 19；Jacques，2013）。中国仍然存在着发展公民记者和调查性报道的空间和条件，而且对此也有很多人予以了支持。如前所述，媒体工作者属于并且服务于知识分子精英阶层，这一点影响了他们的视野。这一判断同样适用于中国的媒体工作者。他们也许比其西方同行更清楚地认识到了这一点。一方面，他们的国外同行不断强调中国记者的偏见，而且不信任他们，因为不这样做的话，西方记者就有可能不得不否认他们自己的偏见。另一方面，中国记者也许与其欧洲同行一样，相信自己的背景和自己的文明是有优势的。如果情况的确如此，那么他们也许希望增强中国的软实力，而且有可能尝试说服政治家相信，如果媒体能够更加独立，也能够更加自由地揭示某些问题的真相，那么，就能够推动社会秩序的发展，并且能够帮助公众监督政府机构"为人民服务"。

参考文献

College of Europe, "Abstracts of International Conference 'Mass Communication and EU-China Relations'", https://www. coleurope. eu/events/international-conference-mass-communication-and-eu-china-relations, last accessed on 2 June 2015.

Danwei, "Danwei Model Workers 2013", 16 August 2014, http://www. danwei. com/danwei-model-workers-2013/, last accessed on 4 May 2015.

Editorial Office Chinasquare, "Processen tegen de Nieuwe Burgerbeweging", http://www. chinasquare. be/actueel-nieuws/proces-tegen-de-nieuwe-burgerbeweging/, last accessed on 4 May 2015.

Fokke Obbema, *China en Europa*, *Waar twee werelden elkaar raken*, Amsterdam /Antwerpen: Atlas Contact, 2013.

Fokke Obbema, "Dat het om fundamentelekritiek op de journalistiekgaatdaarlijkt men nietmeetezitten", *weblog De Volkskrant*, 25 February 2013.

Fokke Obbema, *China and the West*: *Hope and Fear in the Age of Asia*, London, New York: I. B. Tauris, 2015.

Fokke Obbema, "Zo groot is China nou ookweer niet", *De Volkskrant*, 23 February 2013.

Gie Goris, "Buitenlandberichtgeving is dood: Leve de mondiale journalistiek?", http://www. mo. be/sites/default/files/MO-paper82_Buitenlandberichtgeving. pdf, last accessed on 2 June 2015.

Gie Goris, "Amartya Sen wilbetereinformatievooriedereen", http://www. mo. be/nieuws/nobelprijswinnaar-amartya-sen, last accessed on 2 June 2015.

Guo Ke, "Perceptions of Western Media Coverage on China: Chinese Scholars vs. Foreign Correspondents Based in China", *China Media Research*, Vol. 8, No. 1, 2012.

Jamil Anderlini, "Ukraine stand-off puts China on the spot", *Financial Times*, 12 March 2014, http://www. ft. com/intl/cms/s/0/19d35e2a-a988-11e3-b87c-00144feab7de. html#axzz2wWPOfu9q, last accessed on 10 June 2015.

Mao Xi, "Al Jazeera and Xinhua, the Emerging Voices? – Brussels' International Journalists' Credibility towards International News Source Organization", https://www. coleurope. eu/sites/default/files/uploads/event/paper_abstracts_mass_communication_and_eu-china_relations. pdf, last accessed on 3 June 2014.

Mark Leonard (ed.), "China 3. 0: Understanding the new China", European Council on Foreign Relations, 8 November 2012, http://ecfr. eu/content/entry/china_3. 0, last accessed on 23 April 2014.

Mark Leonard, *What Does China Think?*, London: Fourth Estate, 2008.

Martin Jacques, "How China will change the political map?", 2013, http://www. martinjacques. com/essays/how-china-will-change-the-global-political-map/, last accessed on 12 June 2015.

Martin Jacques, *When China Rules the World*, London: Penguin, 2009.

Nick Davies, *Flat Earth News*, London: Random House, 2008.

Tabitha Speelman, "Tien meest hardnekkige mythes over China in Afrika", 16 January 2014, https://decorrespondent. nl/624/de-negen-meest-hardnekkige-mythes-over-china-in-afrika/48089712528-db451537, last accessed on 23 April 2014.

World Bank, "Data China 2014", http://data. worldbank. org/country/china, last accessed on 4 May 2015.

Xie Tao and Benjamin I. Page, "What Affects China's National Image? Across-national study of public opinion", *Journal of Contemporary China*, Vol. 22, Issue 83, 2013.

第七章
大众媒体：思维定式的"游戏场"

包德贞[*]

　　摘　要：中国在世界上的地位不断增强，但人们在寻找关于中国的可靠信息和报道时却往往遇到很多问题，其原因既有欧洲方面的，也有中国方面的。这种情况会导致猜测，产生错误认知，也会出现记者和作者相互抄袭的情况。在探讨西方大众媒体关于中国问题的报道实践中存在哪些关键问题之前，本章将首先讨论发生这种情况的历史背景，也就是后殖民主义背景，以及欧洲中心主义、中国中心主义、东方主义和西方主义等思想流派。本文也将探讨在不同的文化、社会和政治背景下，中国和欧洲的信息流动问题。在这一背景下，本文深入分析了欧洲媒体关于中国问题的报道实践，以及相关新闻文章的产生过程，例如新闻的选择和新闻价值、记者和作者、语言问题，以及西方大众媒体对中国问题的陈述和表现等。

＊ Jeanne Boden.

导　言

思维定式和陈词滥调一般情况下是由于缺乏了解才产生的。欧洲人对中国的了解往往来自大众媒体上的信息。因此，大众媒体在欧洲人对于中国的认知方面发挥着重要作用（在中国人对于欧洲的认知方面也是如此）。然而，大众媒体提供的往往是表面上的和具有倾向性的信息，这一事实导致了很多问题的产生，而且往往会使那些本已根深蒂固的成见或思维定式变得更加糟糕。如果说传达信息是大众媒体的首要功能，那么，在这种前提下，在新闻的制作和对新闻进行选择这一过程的不同层面，以及在话语权的不同层面，就会出现严重问题。欧洲中心主义仍在欧洲发挥着作用，影响着中国在欧洲的形象；而中国中心主义也在中国发挥着一定作用，它同样影响着欧洲在中国的形象。

在探讨西方大众媒体关于中国问题的报道实践中存在哪些关键问题之前，本章将首先讨论历史背景，也就是后殖民主义背景，以及欧洲中心主义、中国中心主义、东方主义和西方主义等概念。本文也将探讨在不同的文化、社会和政治背景下，中国和欧洲的信息流动问题。简要分析中欧交往的历史有助于我们理解双方关系的复杂性。后殖民主义这一背景对于我们解释欧洲与中国对彼此的思维定式至关重要。

新闻价值观以及总体上的信息流动，与文化价值观、社会和政治背景，以及权力关系等因素密切相关。为了探讨现今中国在欧洲大众媒体中的形象问题，本章将分别探讨信息流动在中国和欧洲的特点，因为这二者的社会和政治背景以及其他规则和动因均有很大差别。

在对上述总体背景进行考察之后，本研究将聚焦于欧洲媒体关于中国问题的报道实践，同时也将讨论如下问题：在欧洲，关于中国问题的文章是如何产生的？因为正是这些报道和文章造成了对中国的误解和陈腐俗套的描述。本章将深入分析大众媒体在新闻制作实践中存在的一些至关重要的问题，其中包括新闻的选择和新闻价值观、记者和作者、与汉语普通话和欧洲语言之间的差异有关的问题、中国的主流话语，以及西方大众媒体的自我审查制度等。

中国和欧洲对彼此的思维定式

一　魅力与轻视

中国今天在西方的形象根植于后殖民主义背景，而且，欧洲中心主义至今仍在欧洲大众媒体关于中国问题的报道中发挥着作用。很多后殖民主义理论家，如萨义德（Edward Said，1978）、戈亚特利·斯皮瓦克（Gayatri Spivak，1988）、霍米·巴巴（Homi Bhabha，1990）、艾拉·索哈特（Ella Shohat）和罗伯特·斯塔姆（Robert Stam，1994）等人，他们均对欧洲中心主义提出批评，因为欧洲中心主义采用的是一种非此即彼的两分法，即中心和边缘、北方和南方、东方和西方、启蒙与无知、文明与原始、民族与种族、宗教与无神论、文化与风俗、艺术与赝品等相互对立的概念，而且，总体上说，它在描述处于后殖民主义状态的那些地区时采用的是简单化的方法。毫无疑问，研究亚洲问题的一些学者，例如马凯硕（Kishore Mahbubani，1997）、酒井直树（Naoki Sakai，1997）和狄百瑞（Theodore de Bary，2007）等人，都参与过关于后殖民主义的辩论，而且在其关于亚洲问题不同领域的研究中都曾指出过欧洲中心主义这一问题。

在中国，中国与世界上其他国家和地区的关系，以及中国与外部世界的互动等问题得到了广泛讨论，王林（1995 年）、潘星磊（2006年）、盛宁（2001 年）、吴多琳（Doreen Wu，2008 年）等许多学者都分析过这一问题。

　　尽管除了某些个别地区以外，中国并不曾沦为殖民地国家，但是，在欧洲大众媒体关于中国的报道中，后殖民主义话语依旧盛行。为了理解此种后殖民主义话语的起源，我们有必要考察中国的近代史，即西方势力试图使中国成为殖民地的时代。数个世纪以来，西方国家一直试图打开中国市场，但却从未成功过。在西方成功打开中国的大门之前，中国和西方国家之间曾经发生过无数次战争。

　　欧洲以及普遍意义上的西方，往往倾向于以欧洲中心主义或西方中心主义的立场看待西方以外的地区，这也包括中国。欧洲中心主义是欧洲人几个世纪以来一直试图征服世界的结果，也就是说，他们从欧洲中心主义的视角出发来描述和研究整个世界。而中国中心主义则源自中国从自己的角度看待世界，并曾在历史上认为自己是全球的中心（意为"国中之国"）。

　　简要回顾一下中国的近代史，我们可以看到，19 世纪，由于来自外部世界的压力，中国这个帝国最终被终结，中国被迫做出改变。1840 年鸦片战争以来，中国这个帝国就面临着"西方"国家（包括日本）军事势力的不断入侵，它们试图使中国成为其殖民地。这些国家的殖民企图导致中国这个有着几千年历史的古老帝国最终解体。中国人对西方国家的军事力量震惊不已，因而开始开展"自强运动"，致力于"救国"。早在 19 世纪，致力于改革的知识分子，如康有为和梁启超等人就认识到，中国必须进行现代化。成立于 1911 年的中华民国的第一任总统孙中山曾经说过，尽管中国并未真正成为其他国家的殖民地，但它却比真正的殖民地更加糟糕；它是一种"半殖民地"，很容易受到其他国家的控制。

　　孙中山为中国制定了一项现代化纲领，并提出了"三民主义"的目标："民族主义"，是对外国控制的反抗；"民权主义"，即逐渐实现民主；"民生主义"，是一项社会经济规划。

　　19 世纪末 20 世纪初中国最突出的特征是，其政治、经济、社会、教育和文化领域都发生了变化。1919 年的"五四运动"是照亮现代化的火炬，也是中国解放的标志。陈独秀、蔡元培、鲁迅和胡适等学者奋起反抗孔子的腐朽文化传统，并且在西方标准特别是科学和民主的启迪下，号召开展中国的"新文化运动"。在《新青年》杂志创刊号上，陈独秀呼吁用"赛先生"和"德先生"取代"孔先生"。中国从西方得到了启示，并且在很多方面都发生了翻天覆地的变化，但民主仍未能实现。

　　1949 年，中华人民共和国成立。毛泽东强调指出，对于中国而言，一个新的时代已经到来，中国人民站起来了，中国人民觉醒了，并从帝国主义的统治下获得了解放，而且能够组织起来反抗帝国主义。在经过 1840 年以来长达一个世纪的战争和内战之后（也就是中国人常说的"百年国耻"），毛泽东将中国团结在中央政府的领导之下。

　　1978 年标志着中国再次进入一个新时期。这也意味着，中国开始在对西方的盲目崇拜和重新发现中国自身的文化和传统所具有的价值这两者之间寻求平衡。今天，尽管中国为其"5000 年的文化"和快速的经济增长而自豪——这的确是值得自豪的——但是，"半殖民地"时期遗留下来的困扰和负担仍未完全消失。近年来，中国开办了各种各样具有教育意义的展览，展示中国的近代历史。这些展览将鸦片战争作为中国走向现代化道路的起点。2012 年，潘公凯在北京现代艺术馆精心打造了一场题为"中国现代美术之路"的展览，该展览开篇即指出："落后和挨打的危机是中国走向现代化的起点。""耻辱"的伤痕永远不会被忘记。

　　自从鸦片战争以来，西方人就一直被中国视作和描述为"侵略者"。在毛泽东统治时期，西方被描述为中国政权的敌人。在今天的中国，外国人仍然被当作"他者"，中国人对外国人的普遍称谓是

"老外"，意思是"外来者"。

自从中国实行对外开放政策以来，特别是 20 世纪 90 年代以来，中国的国际化程度以及与外部世界的交往得到了不断加强。由于长期保持经济繁荣，中国迅速实现了现代化。中国在很多方面再一次向西方学习，而且目前仍在向后者学习，但它正在复兴并将继续复兴其自身传统。这样做的后果是，中国人既对西方抱有崇拜，同时对于从前的"侵略者"又有鄙视和迷惑，这样一种混合情感影响着中国人对西方国家的印象。

在西方，很久以来，也一直存在着对中国既迷恋，同时又担心中国崛起这两种情感，在中国实行对外开放，并实现经济繁荣发展之后尤其如此。一方面，西方人认识到，中国从西方的制度和知识、包括科学知识中学到了很多。但另一方面，西方国家似乎又拒绝承认中国正在复兴自己的传统，拒绝承认中国正在政治、经济和法律等各个领域发展"中国特色"。

二 含糊性、欧洲中心主义和中国中心主义

在西方国家处理与中国的关系，以及在西方对中国近期发展情况的认知中，欧洲中心主义仍然在发挥作用。西方人普遍将中国的现代化视为后者的"西方化"。西方人承认中国正在发生变化，正在实现现代化，但有些人似乎认为（或者也许是希望），中国将最终采用西方模式，以西方的标准和制度作为规范。有很多中国年轻人在西方国家学习，能够说流利的英语，并且能够很容易地适应国际工作环境，很多欧洲人往往简单地以这些事实为论据，试图证明中国正在向西方模式发展。在欧洲，人们往往认为西方模式是中国应该遵循并且最终必将遵循的模式。然而，中国越来越强烈地认识到自身的力量和传统，并且正在讨论和实施中国文化的复兴。

欧洲中心主义并不一定等同于"欧洲"，也有可能包括美国和其

他地区。"西方"这一概念是含糊不清的，它所指代的并不一定是地理意义上的西方国家，也包含澳大利亚或某些情况下的日本。而从欧洲的角度看，日本事实上是"东方"的一部分。雷蒙·威廉姆斯认为（Raymond Williams，1984），在相当长的历史时期，"西方"这一概念的用法一直十分模糊，甚至可以追溯到罗马帝国时期东西方的分野、基督教会对西方（耶稣—基督教）和东方（穆斯林、印度教和佛教）的划分，以及第二次世界大战后欧洲分裂为资本主义的西方和共产主义的东方这一时期的历史。让·皮特斯（Jan Pieterse，1994：14）指出，标志着欧洲进步的"里程碑"不是希腊、罗马、基督教、文艺复兴或启蒙运动，而是那些"文化融合时刻"。我们可以得出结论认为，"西方"是一个神话，是欧洲人、普遍意义上的西方人，甚至也包括中国人共同创造出来的一个神话。

反过来说，"中国"这一概念也经过了很长时间的发展。

中国很关心西方对于中国的思维定式。莫东寅的《汉学发达史》（2006 年），其主题是西方人在历史上看待中国的方式。该书的起点为公元前 221 年建立的秦朝，也就是中国的第一个王朝。该书一直讲述到 20 世纪。孙越生和陈书梅（《美国中国学手册》，1993 年）指出，中国人是在中国实行对外开放，且其国际影响由于经济快速增长而得到增强之后，才真正开始研究外部世界对中国的认知。

有些中国人从中国中心主义的视角出发看待欧洲以及总体意义上的西方，并且用中国的标准衡量西方。因此，中国与持欧洲中心主义观点的西方之间的关系仍然十分复杂，双方之间缺乏足够的理解和信任，再加上信息不充分，这些因素最终导致了中国和欧洲对彼此的思维定式，其中也包括欧洲的大众媒体。

三　东方主义与西方主义

萨义德的《东方主义》（*Orientalism*，1978，1995）一书分析了西方人的著述如何运用西方话语探讨亚洲问题，他指出，这些著述的目的是为了服务于西方殖民力量在东方的政治和经济利益。萨义德分析的主要是那些沦为殖民地的亚洲国家和地区，因此，他的结论并不完全适用于中国。然而，在其他关于中国的著述中，我们仍能发现东方主义的影子。中国学者陈晓梅（1995 年）分析了西方主义以及现代西方的形象如何在中国发挥影响。她在分析了中国的文学、诗歌和戏剧之后，得出结论认为，西方主义仍然在不同层面和不同话语中发挥着作用。

萨义德和陈晓梅等作者指出，一些个人和群体出于各种目的和议程创造出了"他者"这个形象。就像"欧洲"和"中国"一样，"西方"和"东方"也是出于某些特定目的被以某些特殊方式人为创造出来的概念。

四 中国在西方的形象

几个世纪以来，中国在西方的形象发生了很大变化。马可·波罗被认为是最早记录中国的西方人之一，他 13 世纪来到中国，他撰写的中国游记吸引了一代又一代欧洲人。18 世纪，孟德斯鸠在《波斯书简》（*Persian Letters*，1973，1993，2004）中写到了中国，提到了中国的特殊思维方式、家庭结构、儒家思想以及祖先崇拜等。孟德斯鸠关于中国的描写影响了欧洲人对中国的理解。中国在西方人眼中的形象复杂多变，既有轻视，也有尊重和羡慕（Hagerdal，1996：31 - 32），还有担忧和恐惧。

与此相反，西方人也对中国充满了迷恋。不同的西方人往往构建出不同的"中国"。汉学家倾向于认为中国的帝国时期是黄金时期。记者和政治学家则倾向于主要从政治视角或人权视角看待中国。中国的研究人员批评米歇尔·福柯（Michel Foucault）或罗兰·巴特（Roland Barthes，2009）等后建构主义者缺乏对中国更深入的理解，因而对中国的描述大多出于想象，且过于简单化和一般化。盛宁（2001）批评米歇尔·福柯在其著作《词与物》（*The Order of Things*）的开头部分，选取的是来自于"某本中国百科全书"的简单归纳。按照盛宁的观点，福柯参考的只不过是一本虚构的小说，它被错误地当成了历史记录。

朱利安·弗朗索瓦（Jullien François，1995，2004）、大卫·豪尔（David Hall）和安乐哲（Roger Ames，1995）等西方作者曾经尝试将欧洲的知识与对中国问题的研究联系起来，并试图通过这种方式克服"东方/西方"的两分法，他们也曾经尝试开展一些全面研究。苏源熙（Haun Saussy，1993）等其他作者也曾经尝试构建对于中国那种整体思维的理解。他们利用《易经》，或诸如"阴"和"阳"等概念作为其理论的核心，目的是为了证明我们无法用诸如"讽喻"等西方概念来研究中国文学，因为中国的整体思维是与西方不同的另外一种宇宙概念，其中，万事万物都是相互联系的。

可以得出结论认为，尽管有些西方学者付出了很大努力，但西方历史上曾经存在的关于中国的种种成见和思维定式至今仍然能够在西方人中间产生共鸣。欧洲经常从欧洲中心主义的视角出发解释中国，这反映了欧洲的需求和担心。我们在当代欧洲大众媒体中发现的关于中国的几种主要话语模式，正是源于这些认知。

信息流动与大众媒体的一般性
背景：欧洲和中国

为了分析大众媒体和信息流动的情况，我们必须首先探讨信息的产生和流动赖以存在的文化、社会和政治背景。事实上，在欧洲大众媒体构建中国形象的过程中，欧洲和中国在后殖民主义时期形成的对彼此的思维定式并不是唯一发挥作用的因素。其他一些因素还包括，对于彼此信息流动与大众媒体的一般性背景缺乏了解，甚至完全没有兴趣去了解。信息分享和交流的方式与动因在欧洲和中国是有差异的，这一事实也影响了西方人对中国的认知和思维定式。

欧洲今天的信息流动是在特定背景下产生的，作为其政治和社会基石的"平等"和"个人自由"等价值观也为其提供了启迪。欧洲的历史背景，即对古希腊—罗马传统和启蒙运动的继承，产生了我们今天赖以生存的环境。发表公开演说、辩论、争论等原则都是欧洲和西方处理信息的根本原则。

在欧洲背景下，存在着权力的分立，各种观点得到公开讨论，而且，需要在不同的政党之间达成共识。欧洲的大众媒体正是在这种背景下传递中国形象的。中国和欧洲在社会与政治背景方面的差异影响着中国在欧洲的形象塑造。

与欧洲相反，中国拥有儒家背景，具有儒家传统的精英管理模式影响着信息的流动。

不熟悉中国背景的欧洲人往往无法了解这样一种体系所拥有的活力和发展动态，他们通常用一种非黑即白的极端方式解释中国的环境，他们也并不了解事物在中国运行的真正方式。

2014 年发生的两件事，可以说明欧洲大众媒体的欧洲中心主义。在 2014 年美国总统奥巴马访问比利时和其他欧洲国家期间，其行程在电视上全程直播，而且，对奥巴马的每个活动都有评论。因此，人们几乎不可能不了解相关情况。然而，就在几周之后，中国国家主席习近平访问了比利时和其他几个欧洲国家，但大众媒体对此次访问的关注要少得多。这样一种鲜明的对比表明，西方大众媒体对于中国问题的报道与对发生在西方世界的事件的报道，存在着重大差别。

全球化的影响进一步造成了错综复杂的状态、误解，以及有偏见的认知。欧洲对于中国的认知和中国对于欧洲的认知往往涉及各自的政治和社会背景。事实上，我们可以说，正是这两种社会—政治背景之间的冲突导致了大众媒体对彼此的思维定式。

西方媒体报道实践中的一些关键因素

在当今西方关于中国的报道中，我们可以清楚地看到上文描述的思维定式，这既包括正面报道（认为中国存在着不计其数的机会，以及中国的魅力等），也包括负面报道（对中国的恐惧等）。我们接下来将探讨与欧洲对中国问题的报道实践相关的一些问题，这些问题影响并往往加剧了这种思维定式，而且由此导致了一些不实消息的传播，而不是真正的信息传播。上文列举的那些问题反映了总体背景的复杂性。下面将举例说明媒体领域的复杂性，并且将要说明，在欧洲媒体报道中国问题这一过程的诸多层面，都存在着这样那样的问题。除了新闻选择、新闻价值和新闻陈述等层面存在的问题以外，在从事报道工作的人员、报道文本的制作人员、记者、作者或电视节目制片人等各个层面，也都存在着对信息的扭曲情况。最后，审查制度与对信息的限制等因素导致了自我审查，这又加剧了有偏见的认知的形成。

一　新闻选择、新闻价值、新闻陈述

在欧洲，如果大众媒体在新闻选择和新闻价值方面聚焦于负面内容，那它就会受到欢迎；如果记者，甚至是学者，突出强调关于中国的负面内容，那他们也会受欢迎。而且，在新闻的叙述方面也是如此。这样一来，我们就可以清楚地发现其中存在的欧洲中心主义。

在新闻机构就新闻内容进行选择时，信息扭曲和偏见就已经形成。欧洲人经常批评中国，他们认为西方大众媒体的信息更加客观和"真实"。但是，在西方，信息在价值观方面也不是完全中立的，仅有少数几家新闻机构控制着信息的流动，如路透社、美联社（AP）和

美国有线电视新闻网（CNN）等。这些新闻机构提供的信息事先已被分解为规模适度的一揽子新闻，以方便其他媒体随时使用。这些新闻机构提供的信息被认为是"客观的"和"可靠的"，但是，此类信息事实上也仅仅是一种选择，也是由某些利益驱动并服务于某些议题。记者、政治家，甚至学者们也都依靠此种信息流动。这些提供新闻的大型新闻机构也是基于有倾向性的认知去选择特定新闻，但人们绝大多数情况下都忽视了这些选择中所隐含的社会、政治和文化因素。这种自相矛盾之处，值得欧洲媒体和活跃在欧洲的中国媒体予以关注。在新闻选择方面存在的思维定式导致了更多的思维定式。

新闻选择问题不仅存在于新闻机构，同时也存在于媒体的不同渠道之中，因为后者也有各自要保护的利益。新闻选择问题同样会发生在提供文字的记者和作者身上，甚至也会出现在这两者的交叉领域。2008年，某个欧洲国家的国家电视台记者被派往北京报道奥运会。在到达北京之前，他已经列出了一系列他想要报道的题目：援助、污染、社会不稳定等，另外他还有一个关于中国所存在问题的长长的清单。当有人问他："我们是否也可以报道一些关于中国的正面新闻？"他的回答是，在西方，正面新闻根本"不是新闻"，他有自己要承担的责任和要完成的任务，必须对得起派他来北京所花费的成本。

上面这个例子表明，新闻选择也发生在文本的提供者和发布这些文本的媒体渠道这两者之间的互动过程中。大众媒体不一定采纳记者提供的某些新闻题材，也许会选择删除一些照片或文字；如果是报刊的话，那它也许会在文章中增加一些图片，这些图片有可能扭曲原本的信息，或者在记者、作者或文本制作者原来的意思之外添加某种特殊意味或倾向。各个层面的新闻选择都会对思维定式的塑造产生影响。

与欧洲关于中国问题的报道相关的一个问题是"新闻价值"，或者某一事件内在的、使该事件具有报道价值的特征。各种各样的因素都会对新闻价值造成影响，如简单化、身份认同（地理相近性、文化相近性、社会相近性、时间相近性和人格化等），以及轰动效应等（Östgaard，1965：39 - 63）。

如同新闻选择一样，在欧洲，关于中国问题的新闻价值观显然表明了媒体对负面新闻的偏好。蓝露洁（Lutgard Lams）教授的研究"中国：经济磁石还是竞争对手？——比利时和荷兰的荷兰语和法语精英报刊对中国的描述"[①] 一文肯定了这一点。她的研究表明，在报道与中国有关的问题时，欧洲媒体不仅偏好选择政治和经济方面的题目，而且，更重要的是，在她所分析的文章中，有将近60%表现出了负面语气，25%左右使用的是中立语气，仅有15%多一点的文章应用的是正面语气。

最后，上述问题不仅在新闻的选择和新闻的价值方面会影响形象的塑造，在新闻的陈述方式和对某一事件的措辞方面，欧洲中心主义造成的扭曲情况同样存在。下面的例子可以说明这种有失偏颇的观点。在2014年云南省昆明市发生"恐怖主义袭击"之后，西方媒体对该事件的讨论少之又少。人民网对西方媒体在报道2013年伦敦"恐怖袭击"和2014年昆明"恐怖袭击"这两个事件时所使用的措辞进行了对比。伦敦事件被描述为"恐怖袭击"（BBC）、"恐怖主义"（《每日电讯报》）、"恐怖主义"（CNN）和"恐怖主义袭击"（福克斯新闻频道）等，而昆明事件则被描述为"持刀袭击"（BBC）、"暴力"（《每日电讯报》）、"持刀挥舞"（CNN）和"维汉冲突"（福克斯新闻频道）等。

尽管审查制度在西方并没有公开存在，而且，言论自由被宣布为一项人权，但是，新闻机构、媒体渠道，以及新闻文本的制作者等机构和个人的权力和选择，以及所有这些机构和个人之间的互动，均清

---

① 见本书第八章。

楚地反映了其背后的政治议题和其他一些议题。

二　语言差异

在中国和欧洲之间这种被扭曲的信息沟通过程中，语言差异具有重要影响，但这一点往往被完全无视。近几十年来，这种情况得到了极大程度的改善，有越来越多的西方人在学习中文，也有越来越多的中国人在学习英文，但在这方面，中国人付出的努力要远多于西方人。中国和西方在学习对方语言方面的差异十分明显，这一点本身就有可能掩盖欧洲人的欧洲中心主义。西方人在学习中文方面付出的努力很有限，这一点可以在一定程度上说明其欧洲中心主义立场；但是更能说明这一问题的例证是，在中国和西方之间的信息流动中，语言问题几乎被完全忽视。西方的大众媒体，甚至是学术界，仅仅依靠西方、欧洲或美国的资料来源就对中国问题得出结论，而这些资料仅仅是翻译过来的文件。翻译什么内容，其本身就是一种选择；这种选择同样受到特定议题和利益的驱动，但这一事实被忽视了；而且，翻译本身就隐含着信息减少这一事实，但这一点也同样被忽视了。这种处理与中国相关信息的方式在西方得到了普遍认可，人们很少对这一方式产生疑问。然而，还有海量的相关中文信息从未被翻译成任何语言，这部分信息后来就被遗忘了。

我们再转向艺术领域。在这方面有一个更具体的例子。1992 年，负责 1993 年威尼斯国际艺术双年展的策展人、意大利人阿奇利·博尼托·奥利瓦（Achille Bonito Oliva）到中国挑选参加此次双年展的中国艺术家。这是有史以来来自中国大陆的当代艺术家首次被邀请参加在西方举办的此类大型活动。奥利瓦对中国艺术家的选择受到了中国媒体、杂志和报刊的严厉批评。中国人批评奥利瓦的欧洲中心主义立场和带有偏见的选择，认为他并不了解中国。但这些用中文表达的批评意见，没有一篇被翻译成中文以外的语言，也没有通过任何方式传

达给西方人。然而，奥利瓦 1992 年的选择对于西方人如何看待中国
当代艺术产生了重要影响。直到今天，奥利瓦为 1993 年威尼斯艺术
双年展选择的艺术作品和艺术家仍然影响着西方人的思维定式。他的
选择不仅被西方人盲目接受，而且被认为是中国当代艺术的代表作
品。此类事件强化了西方人原本就存在的对中国的先入为主的错误印
象和一些模式化的观念。由于没有将源自中国的批评意见译成中文以
外的其他语言，中国的声音无法被外部世界听到，那些有偏见的认知
也依然存在。

　　与上述问题有一定关联的另外一个问题是，由于从中文译成其他
语言的信息数量有限，因此在西方媒体中存在着互相抄袭现象。如果
某一篇被认为有影响的中文文章被译成了英文，即使这篇译文断章取
义，或者在一段时间以后已经不再适用，但西方人仍然反复引用这篇
文章，这样，就造成了对已经被抄袭过的翻译文本的再抄袭。相关译
文就成了撰写这一特定问题的几乎所有人都依赖的基本材料。不仅抄
袭已被抄袭过的文章这件事变得很荒谬，而且，不断重复同样的事情
也很荒谬。这表明，西方缺乏关于中国某些问题或领域的相关信息。
这也表明，在中国国内和国外的信息流动之间存在着差距。

三　从事报道的人员：既有魅力也有恐惧

　　如前所述，关于中国的正面和负面思维定式同时存在，导致这一
现象的原因是多方面的。一方面在有些情况下，欧洲大众媒体在报道
中国问题时倾向于强调中国的正面形象，以及中国的魅力，突出中国
数不胜数的机遇和经济增长等情况。事实上，中国的确存在着开展商
业与经济交流的巨大机遇，但大众媒体在评论这些机遇时，往往将其
描述成轻而易举就能实现，这也是一种思维定式，它往往与事实不
符。由于过多使用了诸如“经济增长”、“巨大利润”、“世界上最大
的消费市场”、“中国财富”、“亿万合同”等词，给人留下的印象仿

佛是，在中国，任何事情都很简单，也很容易做到，对任何人而言都是唾手可得。对于那些并不了解中国复杂的现实情况的人来说，这类话语充满了诱惑和吸引力，但也影响了对中国的总体认知，并且导致了一种正面的思维定式，一种被神化的魅力。

另一方面，西方大众媒体往往更倾向于支持发表反华言论的个人。在大众媒体关于中国的报道中，使用反华话语的文章往往更容易受到欢迎。如果一名西方记者声称自己受到了中国政府机构的"骚扰"，那他立刻就会成为西方媒体的"英雄"。反华话语一般多为记者所使用，但欧洲的大众媒体有时也倾向于采访一些以反华言论著称的"学术专家"。由于大众媒体偏好反华论调，他们往往反复邀请少数几位持此种观点的记者出镜，这样一来，这些记者个人的特定观点就促成了反华观点的形成，而且，此种有限选择再次恶化了原有的思维定式。

另外一个非常重要的问题是，我们在西方大众媒体中几乎听不到中国记者的声音。我们很难准确指出造成这一事实的原因所在。然而，这一问题十分值得我们进一步研究。

结　论

欧洲中心主义、中国中心主义和欧洲与中国的互动等各种因素复杂地交织在一起，影响着欧洲大众媒体和西方国家整体上对中国的形象塑造。回顾历史能够让我们了解几千年来欧洲和中国对彼此的思维定式所赖以发生的背景。但更重要的是，欧洲和中国在社会、政治和文化背景等方面的差异，凸显了信息流动和大众媒体的不同动因，而且表明，它们所遵循的程序也不相同。思维定式不仅源于以国家为中心的视角，而且源自其背景的不同。欧洲/西方以及中国的特定背景影响着思维定式的形成。大众媒体所塑造的正面或负面形象，也来源于大众媒体的报道实践过程，它在信息流动的各个层面都表现出了带有偏见的选择和扭曲。这种扭曲存在于各个层面：新闻选择、新闻价值和新闻的陈述、语言、从事报道工作的人员等。上述每个问题都值得我们予以更多的关注、研究和分析。

过去几个世纪以来，有偏见的认知一直存在——无论这些认知是负面的还是正面的。直到今天，此种认知也依然存在。试图超越一个国家本身的社会、政治和文化背景进行沟通，这是不可能的。尽管今天的大众媒体无孔不入、无所不能，但并没有改变、也没能解决中国和欧洲对彼此缺乏了解这一状况。尽管大众媒体可以通过提供信息，在促进相互理解方面发挥积极作用，但它更像一个充斥着陈词滥调和思维定式的"游戏场"。全球化要求有更好的信息渠道，大众媒体本应成为改善信息传递的一种方式。

参考文献

莫东寅：《汉学发达史》，大象出版社，2006。

潘公凯：《中国现代美术之路图鉴》，高等教育出版社，2012。

潘星磊：《新西方主义》，北京八零零文化发展有限公司，2006。

盛宁：《认同还是虚构？——结构、解构的中国梦再剖析》，www. cp. com. cn/ emd/17/ newsdetail. cfm？iCntno =845, last accessed on 22 October 2010.

王林：《当代中国的美术状态》，江苏美术出版社，1995。

Chen Xiaomei, *Occidentalis：A Theory of Counter-Discourse in Post-Mao China*, Oxford：Oxford University Press, 1995.

David L. Hall and Roger T. Ames, *Anticipating China：Thinking through the Narratives of Chinese and Western Culture*, New York：State University of New York Press, 1995.

Doreen D. Wu, *Discourses of Cultural China in the Globalizing Age*, Hong Kong：Hong Kong University Press, 2008.

Ella Shohat and Robert Stam, *Unthinking Eurocentrism: Multiculturalism and the Media*, London, New York: Routledge, 1994.

Edward Said, *Orientalism: Western Conceptions of the Orient*, London, New York: Penguin Books, 1995.

Einar Östgaard, "Factors Influencing the Flow of News", *Journal of Peace Research*, Vol. 2, Issue 1, 1965.

François Jullien, *In Praise of Blandness: Proceeding from Chinese Thought and Aesthetics*, New York: Zone Books, 2004.

Gayatri Spivak, *In Other Worlds: Essays in Cultural Politics*, New York: Routledge, 1998.

Gayatri Spivak, "Can the Subaltern Speak?", in Cary Nelson and Lawrence Grossberg, *Marxism and the Interpretation of Culture*, Urbana Chicago: University of Illinois Press, 1998.

Hans Hagerdal, "China and Orientalism", *IIAS Newsletter*, No. 10, 1996.

Haun Saussy, *The Problem of a Chinese Aesthetic*, Stanford: Stanford University Press, 1993.

Homi K. Bhabha, *The Location of Culture*, London, New York: Routledge, 2004.

Kishore Mahbubani, *Can Asians Think?*, Singapore: Marshal Cavendish Editions, 2005.

Michel Foucault, *The Order of Things*, preface, New York: Vintage Books, http://serendip. brynmawr. edu/sci _ cult/evolit/s05/prefaceOrderFoucault. pdf, last accessed on 6 October 2015.

Montesquieu, *Persian Letters*, London: Penguin, 1973, 1993 and 2004.

Naoki Sakai, *Translation and Subjectivity: On "Japan" and Cultural Nationalism*, Minneapolis: University of Minnesota Press, 1997.

Qu Sanqiang, *Copyright in China*, Beijing: Foreign Language Press, 2002.

Raymond Williams, *Keywords: A Vocabulary of Culture and Society*, London: Flamingo, 1976.

Roland Barthes, *Carnet du voyage en Chine*, Paris: Christian Bourgois Editeurs, 2009.

Rey Chow, *Modern Chinese Literature and Cultural Studies in the Age of Theory: Reimagining a Field*, Durham, London: Duke University Press, 2000.

Stuart Hall, *Representation: Cultural Representations and Signifying Practices*, London, California, New Delhi: Sage Publications, 1997.

Theodorede Bary, *Confucian Tradition and Global Education*, New York: Columbia University Press, 2007.

第八章
中国：经济磁石还是竞争对手？

——荷兰与比利时的荷兰语和法语精英报刊对中国的描述

蓝露洁[*]

　　摘　要：过去几十年间，中国在全球范围内受到的关注与日俱增，为此，学者们就中国话语的类型这一问题开展了大量学术研究，这一问题也引起了媒体的广泛讨论。有些研究指出，在某些美国媒体中，一种病态的恐华（Sino-phobic）话语甚嚣尘上。笔者由此产生了这样一个问题，即，在非英语类的媒体对中国问题的描述中，是否也存在着类似的态度和话语预设框架？为此，本研究旨在分析比利时和荷兰的精英媒体对中国这一新兴世界行为体的看法。本研究综合运用了内容分析法和批判性话语分析法。前者用于探讨媒体对中国问题的报道中各个不同主题之间的层级关系，以及媒体文章所采用的语气和视角；后者则用于重新梳理一些话语战略运用实例（discursive practices），例如预设评估视角（evaluative positioning），以及对中国

---

* Lutgard Lams.

及其主要行为体的报道框架预设。此外，本文还整合了话语研究中的框架式诱导话语战略分析（framing research）以及葛兰西关于媒体霸权的概念，以便探讨本文所选取的媒体对特定信息来源的选择是否为读者的"多元解读"留下了一定的空间。

引　言

过去几十年来，中国成为了国际地缘政治和经济领域的新兴世界行为体，因此，中国问题得到了全球范围内所有媒体越来越多的关注。对于中国而言，它希望了解全球棋局中的利益攸关者、共同参与者和旁观者如何看待它所取得的成就，这是十分自然的。中国一家报社《环球时报》所属"环球舆情调查中心"（The Global Poll Center）最近对 14 个国家的普通居民对中国的看法进行了一项调查。在这项调查中，绝大多数调查对象都认为中国"自信"、"好战"和"傲慢"，仅有很少一部分人认为中国是"和平"的力量。这一民意调查的结果肯定了从前一些研究得出的结论，即，美国一些媒体中的"恐华论"与日俱增，这样一来，人们就希望知道其他西方国家是否也"感染"了这种情绪。人们很想知道，那些面向非英语读者的媒体在关于中国问题的描述中，是否也出现了与美国媒体类似的态度和框架（包括原创和转载文章）。

鉴于上述原因，本研究致力于分析比利时和荷兰的精英媒体处理中国问题的方式和态度，并探讨它们在报道和评论中国的主要行为体、群体、结构、关系或事件时是否与美国媒体存在区别①。我们分

---

① 早在 2008 年，笔者已开始研究比利时媒体对中国问题的报道，本文只是这一长期研究项目的一小部分。此项研究得到了比利时鲁汶大学布鲁塞尔校区艺术系新闻专业硕士研究生的帮助。非常感谢他们帮助我收集资料，并做出了初步分析。本文仅论述了 2013 年调查的结果。但是，2013 年的文章中也提到了这之前几年的发展趋势。

析的文章时间跨度为 1 年 （2012 年 11 月至 2013 年 10 月），包括在比利时法语和荷兰语社区发行的主流精英媒体上刊登的所有新闻和评论文章这些媒体是，《比利时晨报》（*De Morgen*）、《比利时标准报》（*De Standaard*）、《比利时财经时报》（*De Tijd*）、《比利时晚报》（*le Soir*）和《自由比利时日报》（*La Libre Belgique*），以及两家发行量很大的荷兰语日报《民众报》（*de Volkskrant*）和《新鹿特丹商报》（*NRC Handelsblad*）。本文将首先在更具普遍性的意义上揭示，新闻媒体是否以及如何建构意识形态含义；其次，本文将通过探讨系统性的主题选择和语言选择方面的模式来分析这一问题。本文还将深入探讨信息来源的选择问题，以便评估这些媒体中是否存在多种声音，以及这些声音是否均衡，从而回答"多元解读"是否有生存空间这一问题。

文献综述：关于中国问题的新闻报道

我们开展这项研究的原因在于，在北京筹备 2008 年奥运会期间，西方媒体常常抹黑中国的国际形象。中国政府和研究人员驳斥了这一现象，这也就是为什么《环球时报》要就其他国家民众对中国的看法进行调研的原因。中国公众在网络论坛上发帖，批评西方媒体对中国的偏见。事实上，20 世纪 60 年代以来，西方媒体就一直受到来自各个学科的批评，例如文化研究和传媒研究。这些批评认为西方媒体对发展中世界的描述是负面的，且带有偏见。此类评论认为，"对他者的描述"这一模式引发了社会排斥和压制。"关于他者的修辞"（Riggins，1997）界定的是关于他者的一种截然相反的形象，这个"他者"一般情况下是那些"非我族类"者，或者至少不是"我们"中的一员。

根据奥诺和焦等人（Ono and Jiao，2008）的研究，与日俱增的恐华话语在美国媒体的报道中似乎占有核心地位。华人作家王露露①（Lulu Wang）等人在博客上发帖，呼吁用更平衡的方式对待中国，②他们的观点得到了德科斯特尔（Decoster，2008）和德容克海勒（Jonckheere，2008）等人的共鸣，后者在比利时报刊发表评论文章，批评西方媒体的报道视野狭窄，缺少自我反思，而且存在着信息不实等问题。然而，他们在文章中并没有就其分析对象（即他们分析的是哪些西方媒体）提供任何信息。同样，他们也没有清楚阐明研究中所使用的分析方法。

王露露提出的问题值得我们关注，特别是，目前已经有其他一些研究证实了他在博客中提到的问题是确实无误的。里奇特和热博埃（Richter and Gebauer，2011）对 2008 年德国纸质媒体对中国问题的论述进行了分析。分析表明，有半数左右的媒体在提到中国问题时（不管是正面还是负面的观点）采用的都是不断强化思维定式的方式，而没有提出进一步的思考。除此之外，这两位作者还注意到，与其他地区的报道相比，德国媒体的报道涵盖的主题十分宽泛（2011：3）。在所有的报道中，文化领域的内容占到了"超乎寻常的"比例，为9.2%（同上）。然而，其他一些对于社会转型具有核心意义的领域，例如社会问题、教育、科学和技术等，则被完全忽视了。他们发现，主导相关报道的是这样一种媒体逻辑，即，其核心议题应聚焦于负面新闻价值，例如冲突和暴力等。这两位作者还提出，之所以如此，原因在于，德国以自身为参照物去判断中国的情况，但它们二者在关于世界秩序的战略和意识形态问题上存在着差异。因此，作者认为，意识形态是决定德国媒体选择哪些主题的根本原因，而且，他们倾向于选择与西方社会相关的主题，例如民主、自由主义和自由等，并将西

---

① 音译——译者注。

② http://www. Geledraak. nl/html/showarticle. asp？id=1585，last accessed on April 17 2008.

方的情况与中国进行比较（同上）。

有人以相同的脉络，研究了美国新闻媒体的报道（Kobland, Du and Kwon, 1992）。研究认为，美国媒体的报道不仅在对主题的选择方面，而且在总体上也表现出了一种"反共产主义"的框架界定程序。李（Lee, 2002）对《纽约时报》1990 年至 2000 年期间与美国对华政策有关的新闻话语进行了界定性分析，他认为，美国媒体对中国问题的新闻报道以如下三种一揽子意识形态为特征：遏制（利用贸易作为"惩罚"中国的工具）、接触（将可实现的人权状况与贸易联系起来）和全球化（将中国纳入国际组织，以扩大美国的对外贸易）（Lee, 2002; Willnat and Luo, 2011: 258）。

然而，里奇特和热博埃通过对德国媒体的研究发现（Richter and Gebauer, 2011），尽管它们在选择主题的过程中受到了特定新闻议题和自我中心主义的影响，但都对所选择的问题进行了深入讨论，并在讨论过程中考虑到了中国内部各种动因所具有的各种复杂性，而且就所涉及的问题提供了不同的视角。然而，作者发现："由于这些媒体过于关注'持不同政见者'和少数民族问题，因此，与国内政策和社会转型等问题相关的一些矛盾并没有受到足够重视，但是，为了做到更广泛地理解中国的现实，这恰恰是必不可少的"（Richter and Gebauer, 2011: 6）。与此类似，赵（2013）认为，在传播学的研究中应采取更为全面的方法，包括阶级与民族之间的相互交叉关系，以及地方文化与现代性之间的互动方式。韦尔克和阿哈茨（Wilke and Achatz, 2011）开展了一项跨度时期更长的研究，其研究对象是德国媒体 1986 年至 2006 年期间对中国的界定问题。他们的研究表明，德国媒体对中国的评价似乎并没有遵循一种线性发展路径，因为正面和负面的框架结构交替出现，这种情况取决于刚刚发生的事件或危机。尽管德国报刊近年来对中国的评价有所改善——《法兰克福汇报》（*Frankfurter Allgemeine Zeitung*）在这方面表现得尤其明显，但作者得出结论认为，对中国的正面评估一次又一次地被某些单一事件打断，而这些事件导致了对中国和中国政府行为的批评（Wilke and Achatzi, 2011：362）。

还有其他一些学者开展了多项时间跨度较长的研究，例如，彭增军（2004）对 1992～2001 年期间《纽约时报》（*New York Times*）和《洛杉矶时报》（*Los Angeles Times*）刊载的中国新闻报道进行了比较研究；斯通和肖志文（Stone and Xiao, 2007）对 1984～1999 年间的《新闻周刊》（*Newsweek*）、《时代周刊》（*Time*）和《美国新闻和世界报道》（*US News and World Report*）等美国新闻杂志的涉华报道进行了分析。这两项研究的结果都表明，随着时间的推移，这些新闻的总体论调越来越具负面性，尽管它们都越来越强调经济新闻框架而不是政治。

还有学者分析了英国媒体的情况，斯巴克斯（Sparks, 2010）在分析了三份英国报纸 2008 年对中国问题的报道之后，得出结论认为，报纸读者群的社会构成决定了这些报纸的定位。英国的精英报纸面向的读者群是相对富裕且受过良好教育的群体，与其更具民粹主义色彩的竞争对手相比，这些报纸关于中国问题的报道更加多样化，且负面定位的程度也要弱一些①。

就电视新闻中关于中国问题的报道而言，维尔纳特和罗（Willnat and Luo, 2011）曾经参与过一项国际研究项目，分析了电视台对外国新闻的报道情况，他们认为，国外电视新闻对于中国的报道不仅在数量上远远不够，而且，在主题方面，它们对中国文化和社会问题的关注度也远远不足（Willnat and Luo, 2011）。里奇特和热博埃（Richter and Gebauer, 2011）也曾经提出过西方媒体对中国社会问题

---

① 笔者对荷兰语精英报刊和通俗报刊 2008 年对中国的报道做过一项比较研究，也得出了类似的结论。

的报道较少这一缺陷。本文也得出了类似结论：比利时和荷兰的媒体关于当代中国社会问题的报道极为有限。然而，近年来，总体上看，媒体对中国的关注度大大提高，纸质媒体尤其如此，张（Zhang，2010）对《经济学人》（*The Economist*）等欧洲期刊和《国际先驱论坛报》（*The International Herald Tribune*）等报纸在 1989～2005 年期间对中国问题的报道进行了一项时间跨度较长的研究，也证明了上述观点。

上述绝大多数研究主要采用的是传统的定量内容分析法，而本文采取了一种更倾向于定性分析的方式，对特定框架的起源进行了探讨。然而，本文除了主要聚焦于话语这一主题以外，还将从文章的数量这一角度，阐述关于新闻价值的一般性信息，以及这些文章的总体基调，当然，这并不是典型的内容分析方法，其可靠性无法用统计数据进行验证，而且，不同报刊之间的差异也不具有统计学上的意义。

研究理论与方法论方面的考虑

笔者的分析以如下理论视角为基础，即，形成文化认同与政治认同的部分原因在于个人经历，部分原因则在于由媒体提供的一种间接的集体经历。媒体通过综合运用图像语言和文字语言这两种工具，推动并成功地形成了关于现实的某种特定版本。事实上，对现实的建构或表现是以语言为媒介进行传递的，它们对于建构或者改变人们对现实的既有认知或解释具有十分巨大的影响力。我们将从媒体话语分析、语用学、框架理论和社会表征（social representation）等理论得出一些方法论方面的启示，并以此为基础，探讨语言的选择对于创造和解释事物的含义有哪些影响。

除了那些针对西方媒体对东方问题的描述所提出的理论要点，以及黄和梁两位作者（Huang and Leung，2005）对西方媒体在关于

"他者"的描述中采用的主流批判性方法提出的质疑之外，本文还发现，社会表征理论也对媒体研究有帮助。正如霍伊吉尔（Höijer，2011）所说："社会表征指的是创造集体意义的过程，这一过程导致了共同认知，而共同认知能够产生可以将不同的社会、组织和群体团结在一起的社会纽带"（2011：3）。霍伊吉尔从莫斯科维奇（Moscovici，2000）的理论中得到了启示，以此为基础，他特别列出了两种沟通机制，解释了观念如何转变成为人们所认为的常识。

　　这两种沟通机制中的一种对我们的研究具有特别重要的意义，即，通过自相矛盾的现象实现机制的稳定，例如，不同群体和身份之间具有相反的特征。奥洛逊（Olausson）探讨了瑞典媒体对欧洲身份的建构。这些媒体描述了"我们"（欧盟）和"他们"（美国）之间的冲突关系：欧盟承认气候变化是一项重大威胁，并且希望采取行动应对这一问题；而"他们"，即美国，则拒绝讨论规则（Olausson，2010）。本文综合运用了社会表征理论和批判话语理论。我们可以非常容易地在批判性话语分析（CDA）中发现对批判话语理论的应用，它探讨的是在话语中予以实例化的不平等的权力关系，这被视作一种社会实践。

　　在对话语战略的研究中，可以看到，我们将语用学应用到了批判性话语分析之中，例如对相关行为体的描述。本文探讨了微观文本层面上一些事先假定的含义、语义学和句法规则，以及宏观层面上的修辞和其他一些能够创造意义的因素。框架界定式诱导（framing）是传媒学中常用的一个概念，它指的是一些核心组织理念，根据这些理念，复杂的信息可以通过聚焦于某一种解释而得到表达，并且可以说明，对于一个问题而言，哪些方面是最基本的，而哪些方面不那么重要（Gamson and Modigliani，1989）。可以用于识别这一框架的框架性工具包括，词汇的选择、信息来源的选择、图形和图表，以及句法模式。在这些模式中，某些行为体被定位为正面或负面的语义学角色，或者是主动或被动的角色；其他工具包括，（通过故弄玄虚的力量）实现指称化（nominalization），以及诸如隐喻和转喻的概念化等象征性语言。对这些工具的应用都导致了对外来群体的思维定式，或者是对外来群体进行泛泛的归类。

本文综合运用了传媒学研究中的框架界定诱导研究方法和葛兰西的媒体霸权概念（media hegemony），而后者是卡拉奇与罗伊夫斯（Carragee and Roefs，2004）提出来的。在文化研究中，霸权理论探讨的是占主导地位的意识形态在新闻媒体报道新闻事件的过程中发挥了哪些影响和作用。因此，本研究不仅聚焦于新闻集团可能存在哪些类型的框架界定，同时也聚焦于探讨是否存在着产生多元解读的空间。因此，科学研究不仅需要揭示与权力精英阶层的利益大体相符的意识形态含义，同时也要探讨，在这些文本的边缘，是否出现了其他类型的一揽子意识形态或结构框架。

就具体的方法论而言，本文主要采用定性话语分析，同时也在一定程度上采用以定量数据为基础的内容分析，其目的是对研究结果进行比较，同时对框架界定、主题层次和文本视角等进行重新梳理。只有以对文本性框架设计的累积计数为基础，才有可能确定相关框架和总体基调，而这些文本性框架设计表明了对行为体（在本研究中指的是中国政府、转喻意义上的中国、中国人民、中国的政治领导人，等等）、结构、关系或程序等要素的预设评估。这些框架性设计被赋予了一种或正面或负面的"编码"，这取决于记者所选择的语言或者所引用的观点包含了哪种含义[①]。这些编码被划分为五大类，即，非常负面/正面；比较负面/正面；中立（或者是在负面/正面编码之间保

---

① 在这一层面是不可能将编码的主观性排除在外的，当然，只有在意识形态模式出现在各个结构层面，且不存在任何与之相反的指标的情况下，我们才会做出最终结论。编码是由48名学生在我的指导下编制的，我指导他们如何从文本中回溯意识形态。最终得出的结果极为清晰，这抵消了在编码方面存在的任何主观性。

持平衡，或者仅仅是事实的描述，而没有产生预设评估）。这些编码的最终计数将决定对一般性文本视角的最终评估。如果关于负面/正面"编码"的计数极少得到与其相反的"编码"的修正，那么，就可以得出对于相关行为体的描述非常负面/正面这一评估。认为对于某个行为体的评估"比较负面/正面"的结论，则是根据每篇文章的正面/负面"编码"之间的比例得出的。如果这一比例超过了25%，那么该文章就被编码为"比较"负面/正面，例如，正面编码的比例是3，负面编码的比例是8，那么，评估性比例就是37.5%，这样，整篇文章就被评估为一种"比较"负面的基调。只有在框架界定在整个媒体集团的每份报纸上出现过至少5次的情况下，这一框架才最终得以确定。

在报纸的选择方面，笔者的主要依据是其在全国范围内的发行情况，及其总体上对国际新闻的关注，因此，本文的分析对象不包括那些主要关注地方新闻报道的大众媒体。按照这样一种筛选标准，我们选择了比利时的以下几种报纸：（1）荷兰语社区：《比利时晨报》、《比利时标准报》和《财经时报》；（2）法语社区：《比利时晚报》和《自由比利时日报》，这些报纸都有其关注的更大范围的商业利益。我们就这些媒体关注的每个主题选择了一种报纸，这样就能够保证很大程度的编辑自主性。从历史视角来看，《比利时标准报》倾向于弗莱芒的天主教徒；《比利时晨报》则较为开明，一般被认为具有社会主义倾向；而《自由比利时日报》则倾向于天主教和保守主义（Van Gorp，2006；De Bens，2001）。同时，《自由比利时日报》还致力于推进比利时的国家统一（Van Gorp，2006：152）。从成立之日起，《比利时晚报》就被定位为一份独立于任何政党或财团的报纸，但它也有明确的政治立场，有些情况下，它对比利时的社区问题持极为自由主义的观点和反弗莱芒群体的立场（De Bens，2007：424）。《财经时报》则被认为是一家专业的、主要面向商业界人士的严肃报纸。在编辑原则方面，该报过去常常将自己定位为"事实"的提供者，它按照益格鲁—撒克逊模式，严格区分纯粹的信息和观点。与《比利时晚报》不同，该报敢于表明自己的立场，它独立于任何利益相关者（机构、读者群或广告商）（De Bens, 2007：38）。

我们选择的荷兰报纸是《民众报》和《新鹿特丹商报》。《民众报》是一家荷兰语报纸，其读者为受过高等教育的人群，并以自由主义立场著称（De Jong, 2013）。《新鹿特丹商报》从前被认为是一家领先的具有天主教倾向的中左派报纸，现在则被认为是一家中等规模的中间派别日报。笔者是通过 Mediargus 数据库（现已更名为"Go-Press"）搜索这些文章的，该数据库收集了比利时的所有荷兰语报纸。笔者使用的其他数据库还有《比利时晚报》和《自由比利时日报》的网络档案库，以及 Lexis - Nexis 的荷兰语报纸数据库。我们选择文章的标准是，以中国为主题，且字数超过 300 字。通过用这种方式进行筛选，我们一共找到了 1160 篇文章（《比利时晨报》139 篇，《比利时标准报》198 篇，《自由比利时日报》177 篇，《比利时晚报》118 篇，《财经时报》142 篇，《民众报》186 篇，《新鹿特丹商报》200 篇），平均每份报纸每个月包含 12 ~ 17 篇与中国问题相关的文章。

对媒体文章的实证分析

本部分提出了笔者通过内容分析得出的一些主要发现，接下来我们将在话语分析方面举几个例子，并将其作为对框架界定过程的说明。有学者研究过德国媒体对中国问题的报道，他们得出的结论与我们的分析结果具有惊人的相似之处。因此，我们将在适当情况下与里奇特和热博埃（Richter and Gebauer, 2011）的研究进行交叉对比。

在讨论文本视角或普遍基调之前，我们首先要简要介绍一些比较突出的主题。接下来我们将深入探讨，在何种程度上存在着霸权主义的表述，或者是否存在表达多元声音的空间。

（一）主题层级

在主题的分配方面，我们创设了以下几个新闻范畴。经济新闻包括财经新闻、贸易、就业、流动和流通；政治新闻涵盖的主题包括机构改革、选举、议会和政府组织、公民社会与国家意识形态（De Swert and Wouters, 2011：345）等；政治这一范畴也包括（政治）国际关系、与国际（政治）合作有关的问题、战争与和平等；社会新闻包括所有与涉及人民生活的社会问题有关的报道，包括国家与社会之间的关系，例如媒体的工作条件、卫生与环境问题、人权问题等；司法主题包括犯罪与法院案例、腐败等问题。其他一些范畴还包括教育、科技、文化和艺术、体育运动，与人类利益（HI）相关的事件（包括自然灾害）等。

表 1　主题分布（占每份报纸新闻报道总数的比例）

单位：%；条

	经济	政治	社会问题	教育	科技	文化、艺术和体育	人类利益	数量
《比利时晨报》	17.3	35.4	23.6	0.6	2.7	16.6	3.4	139
《比利时标准报》	36.4	29.1	22.3	1.4	0.5	8.2	1.9	198
《财经时报》	69	18.3	9.1	0	0	2.1	1.4	142
《比利时晚报》	25.4	32.2	18.6	0	5	13.5	5	118
《自由比利时日报》	29.3	24.2	34.4	0	0.5	9.6	1.6	177
《民众报》	24.3	43.7	22.7	0	0.5	5.9	2.7	185
《新鹿特丹商报》	33	38	14.5	0.5	4	6	4	200

如表1所示，政治和经济是报道数量最多的新闻类别，紧随其后的是社会问题，但有两份报纸除外，即《财经时报》和荷兰语报纸《新

鹿特丹商报》。这一点与本文第一部分文献综述中的描述是相同的。有两份报纸在其关于中国问题的报道文章中，有相当大一部分是文化和艺术报道。这两份报纸是《比利时晨报》和《比利时晚报》，它们都以中"左"倾向知名，而且对社会问题更感兴趣。看一看这两份报纸刊登的与社会问题有关的文章的数量，就可以证明这一点：它们刊登的与社会问题有关的文章比与经济事务有关的文章要多。《财经时报》似乎对艺术和文化的兴趣最弱。鉴于其聚焦的主题是经济问题，因此，在它关于中国问题的报道中，经济类文章占的比例最高，达到了总数的69%，这也是所有报纸中比例最高的。这表明大中华区对于比利时商业新闻消费者具有很高的经济新闻价值。在其他一些报纸关于中国问题的报道中，有6%~10%涉及的是文化问题。这一点证实了里奇特和热博埃（Richter and Gebauer, 2011）的发现，即，在所有报道中，文化问题占有高达9.2%的"不寻常"比例。这两位作者发现，教育和科技问题几乎被完全忽视，我们的研究结果也同样表明，这两类问题占的比例非常低，在绝大多数报纸中所占比例都不足1%，但在《比利时晚报》和《比利时晨报》中，则分别达到了5%和2.7%。

法语报纸《自由比利时日报》是刊登与社会问题有关的文章比例最高的一家报纸（34.4%），它在该领域关注的主要是人权问题。在该报纸关于中国问题的报道中，社会问题所占的比例要高于其他问题，而且，在所有报道中国问题的报纸中，它也是报道社会问题的比例最高的一家报纸。另外一个值得关注的数字是，在荷兰语报纸《民众报》的报道中，政治类文章所占比例最高（43.7%），比经济新闻报道的比例（24.3%）要高得多。另外，在《比利时标准报》关于中国问题的报道中，经济类文章占了很大一部分（36.4%），要比政治类文章（29.1%）和报道社会问题的文章（22.3%）所占比例高很多。因为我们没有进行任何统计测试，因此，目前还无法确定这些结果是否具有统计学上的意义。作为我们分析对象的所有报纸刊载的

与人类利益或自然灾害有关的报道比例都比较低，这一点显然证实了
这些报纸总体上都是为精英人士服务的。

（二）　对于将中国作为一个行为体的总体论调

就对相关行为体（中国）的总体论调或文本视角而言，我们的评
估由 5 个范畴构成，即，非常负面、比较负面、中立（视角平衡或事
实性信息）、比较正面和非常正面。正如上文所解释的，划分"非
常"和"比较"这两个范畴的标准是由 25% 这一正面编码与负面编
码之间的比例决定的。如果其比例超过 25%，则该文章就会得到一个
"比较"正面/负面的编码。

表 2　每份报纸的文本视角

单位：%

	非常负面	比较负面	完全负面	中立	比较正面	非常正面	完全正面	总数
《比利时晨报》	28.7	29.4	58.2	23	10	8.6	18.7	139
《比利时标准报》	29.7	27.2	57	26.7	10.6	5.5	16.1	198
《比利时财经时报》	38.7	13.3	52.1	27.4	9.8	10.5	20.4	142
《比利时晚报》	26.2	31.3	57.6	26.2	11	5	16	118
《自由比利时日报》	36.7	26.5	63.2	22.5	9	5	14.1	177
《民众报》	31.1	33.8	65	22	8	4.8	12.9	186
《新鹿特丹商报》	26	30	56	28	14.5	1.5	16	200
（N＝总数）所占比例（%）	（N＝360）31%	（N＝321）27.6%	（N＝681）58.7%	（N＝29）25.1%	（N＝122）10.5%	（N＝65）5.6%	（N＝187）16.1%	1160

从总体上看，在所有文章中，有 58.7% 的文章对中国的评估是完
全负面的，其中有 1/4 的文章对中国的描述"非常负面"。在所有报纸
的相关文章中，被标注为"中立"的文章所占比例超过了 20%（其范
围在 22% ~28% 之间），而被标注为"完全正面"的文章占的比例则比

较低（16.1%）。这一发现再次支持了先前一些研究得出的观点，即对中国问题的报道多为负面的。在所有报纸中，金融类报纸《比利时财经时报》关于中国问题的相关报道中被标注为"非常负面"的文章所占比例非常高（38.7%），同时，其被标注为"完全正面"的报道所占的比例也很高（20.4%）。鉴于经济类文章在该报纸的报道中占有很高比例，这就意味着，在该报纸与商业事务相关的报道中，既有正面也有负面描述。同样，"中立"文章所占的比例也很高（27.4%）。在"中立"报道方面，《比利时财经时报》的得分仅略低于《新鹿特丹商报》，后者刊载的"中立"文章占28%。尽管如此，在《比利时财经时报》刊载的与中国问题相关的报道中，总体上为完全负面的文章比完全正面文章的数量多出2倍以上。除这两家报纸之外，其他一些报纸的情况更加不平衡，其完全负面文章的数量是完全正面文章数量的将近3倍。比较而言，荷兰语报纸《民众报》刊载的文章中标注为"比较正面"的所占比例最低，而标注为完全负面的文章所占比例则最高（65%）。紧随其后的是法语报纸《自由比利时日报》，在其刊载的文章中，完全负面报道和完全正面报道所占的比例分别为63.2%和14.1%。

从绝对数量来看，荷兰报纸刊载的与中国问题有关的文章似乎比比利时报纸刊载的类似文章要多一些，其原因可能是由于荷兰人认为中国具有更高的新闻价值。这也许与这些报纸派驻中国的记者有关，至少《民众报》是这种情况，它派驻中国的记者是弗柯·奥比马。在比利时报纸中，报道中国问题最多的报纸是《比利时标准报》，接下来是《自由比利时日报》，再接下来是《比利时财经时报》、《比利时晨报》和《比利时晚报》。报道来源也是一个值得重视的问题，这一点似乎在很大程度上决定着相关报纸看待中国问题的视角。每家报社都聘用了一些中国问题专家，由这些专家撰写的文章占了很大一部分比例，也许正是他们在很大程度上决定了相关报纸关于中国问题报道的总体基调。弗柯·奥贝玛为《民众报》撰写了很多文章，而《新鹿特丹报》的绝大部分文章都是由奥斯卡·加沙根（Oscar Gar-schagen）撰写的。《比利时标准报》刊载的很多与中国问题有关文章的撰稿人是玛丽杰·弗拉斯卡姆（Marije Vlaskamp），而《自由比利时日报》的大多数此类文章则是由菲利普·帕克（Philippe Pacquet）撰写的。在《比利时晚报》上，我们可以读到安妮·马杰达姆（Anne Meijdam）撰写的数篇文章。然而，我们经常可以发现一种双重视角，即，由国外新闻部和经济新闻部记者撰写的文章，这二者的总体基调是有差别的。

（三）　话语分析：报道评价视角与预设框架

在对中国问题报道的框架界定方面，这些媒体有很多正面描述，例如认为中国是世界上的领先经济体，也是一个具有吸引力的增长市场。同时，我们还可以发现对中国的很多负面界定，这些界定将中国作为经济竞争对手，认为中国不仅威胁着西方国家的国内就业，而且，在更具全球性的规模上，还"威胁"着整个西方经济体，因为后者过度依赖作为债务国的中国。除了对主题的选择以外，西方媒体还在"恶魔/牺牲者"这样一个框架下划分"我们/他们"，或者将人类或不同的群体划分为"熟悉的我们"和外来的、陌生的"他们"。这种自相矛盾的界定，其根源似乎在于，他们以本国的政治和经济模式为参照物，并以此为根据得出了关于中国（意识形态）的定位。这种界定还根植于认为中国的崛起必将导致"旧大陆"的衰落这一假设。这些文章中充斥着思维定式，这也再次印证了里奇特和热博埃（Richter and Gebauer，2011）的研究发现。

很多媒体的文章带有明显的欧洲中心主义视角，总体上过于关注人权问题，并将大部分版面用于报道少数民族问题和所谓"持不同政见者"，而诸如现代性和社会转型等问题，包括教育和移民等问题，却没有得到足够的关注。中国发生的一些积极进展，如科技领域的创新，只是偶尔被提及（如《比利时晨报》、《自由比利时日报》和

《比利时晚报》等）。由于对该领域的重视程度严重不足，因此尚不足以将这类报道转换为预设性框架界定。

关于中国的其他一些负面框架包括，认为中国政府面临着十分严峻的环境问题，以及社会差距不断拉大等。在对后者的描述中，绝大多数文章还带有一些与腐败或欺诈性商业行为有关的花边消息。如同里奇特和热博埃（Richter and Gebauer, 2011）的研究一样，我们的研究结果也表明，西方媒体普遍缺乏更全面的报道。

此外，由于这些媒体的报道建立在以事件为导向的议题基础之上，因此，对中国的描述采用的往往是一种十分单一和僵化的模式，而且，正如两位学者对德国媒体的研究所表明的，媒体并未对中国当前事务的积极参与者以及与他们相反的观点和有分歧的利益进行区分（Richter and Gebauer, 2011：8）。另外一个与此类似的问题是，西方媒体往往不加思考地使用一些具有贬义性质的集合名词，或者是用"中国"或"中国人"概而论之。这种概念化或笼统化的描述往往创造出一种关于中国社会的负面形象，而且采取的是一种陈词滥调式的或刻板的形象塑造模式。

尽管所有行为体都能获得表达意见的机会，但国家精英的言论仍然在报道中占绝对多数。然而，这部分人往往被笼统地标识为"政权"或"政府"。对于"北京"这一词汇的转喻用法，则赋予了这一词汇所代表的行为体以集体权力的内涵。这样的用法不仅将复杂的行为体简单化，而且使得特定的行为、结构、程序和关系等均被模糊化。此外，媒体还往往在类名词前面使用定冠词，并通过这种方式实现概括化或笼统化，以假设一些命题的存在，如"既得利益者"、"僵化的官僚主义"、"银行部门"、"腐败分子"、"贫富差距"等。媒体对所有这些特征的描述，仿佛都是在告诉人们，这些特征是国家体系内在的，而且，媒体还将不断变化的情况描述为固定的现实。由于一些名词化的概念建构具有递减效应，例如"改革"、"中国司法体系的运行"等，因而排除了语境化的可能，而事实上，如果提到相关行为体、原因与结果之间的关系等背景的话，本来是可以实现这种语境化的。

词汇衔接对上述构建过程起到了重要作用，通过这种方式重复运用同义词，就塑造了一种特定的语义环境。通过叠加和重复使用某些名词或名词词组以及一些陈述语，媒体就创造出了一种特定的氛围，在涉及中国的经济进步或企业家精神时，这种氛围就是积极的；而在涉及腐败、欺诈、黑客行为，或者不健康的生活条件时，这种氛围就是不友好的。例如，在《新鹿特丹商报》2013 年 3 月 21 日发表的一篇文章中，"癌症村"这一词汇重复出现了 14 次，该文甚至还以"连猫都想逃离'癌症村'金岭镇"为标题。从宏观角度来看，标题就已经确定了负面基调。"压制"、"被禁止"以及"悄无声息"等词组的组合，就构成了一副关于所谓"专制主义"的框架。

另外，西方媒体往往通过对正面标签进行句法枚举的方式，用正面的和有价值的词汇界定中国文化，并且用"梦幻般的"等修饰语，或者诸如"高度（精确）"、"（高度）灵巧"等形容词限定词予以强化。另外，像"最大的"等最高级形容词更是对这一形象塑造起到了强化作用。然而，值得注意的是，只有在描述过去的集体文化或当前的个别文化产品或文化工作者的时候，西方媒体才会使用正面词汇。然而，中国当代的集体文化并没有得到正面界定，例如中国的电影政策。媒体往往采用一种具有负面导向的问句技巧引导读者得出它们希望看到的答案，如，"你难道不是被迫妥协的吗"？[①]

修辞工具并不仅仅是在形式上对文本进行的修饰，更重要的是，它们对形象界定程序起到了重要作用。那些更有助于形成负面概念化

---

① Le Soir, 'Wong Kar Wai renaît dans les arts martiaux' [Wong Kar Wai is reborn in the martial arts], 30 April 2013.

的隐喻比其他选择更容易流行。

而且，西方媒体的文章中充斥着一些能够让人们产生恐慌的引言，这是印刷方面的一种"技巧"，通过这种方式，作者就与命题中的内容划清了"界限"。

结 论

总体上看，数据表明，我们选取的这5种报纸均采用类似的修辞方法。通过重复运用上述语言特征，具有可比性的框架便得以形成。唯一比较突出的差别似乎是在题目的选择方面，原因在于不同报刊的特定关注点不同，例如，定位于商业人士的《比利时财经时报》更多关注的是经济问题。很显然，对荷兰、瓦隆（Wallonia）或佛兰德斯（Flanders）等地的读者具有特定影响的某些事件比其他事件受到的关注更多一些。这一点肯定了"本地化理论"，即，主流新闻机构选择新闻事件的标准是，在文化和地理相近性的意义上，这些新闻对于国内读者是否具有新闻价值。将大熊猫转送到瓦隆的游乐园天堂公园（Pari Daiza）这一事件引发了佛兰德斯安特卫普动物园和天堂公园之间的冲突。《比利时晚报》在报道这一事件时却转移了视角，这再次证明了我们的上述观点。《比利时晚报》的大多数文章都对中国政府采用了一种批判性语气，但在本文分析的那些文章中，有3篇文章的观点是中立的，另外还有一篇文章的观点相对正面。

本文证实了大多数我们已经了解到的国外媒体对中国问题的新闻报道情况。尽管中国对世界有着重要的经济影响，在国际事务中也发挥着重要作用，外界对中国的关注也在与日俱增，从而使得中国进入了新闻报道所关注的"精英国家集团"之列（Sparks，2010；Willnat and Luo，2011），但在比利时的国际新闻报道中，对中国问题的报道仅占很少的比例。每个月刊登的与中国有关的文章数量有限，这充分证实了上述问题。

就对主题的重视情况而言，从前的研究已经表明，国外电视新闻不仅对中国问题的报道不够充分，而且，它们也没有对中国的文化问题和社会问题予以足够的关注（Cohen，2011：252；Willnat and Luo，2011：270）。同样，我们对比利时和荷兰媒体关于中国问题的新闻报道进行的分析表明，尽管中国社会正在发生转型，但无论是其积极的方面，还是消极的方面，都"被淹没在关于经济和政治问题的大量其他报道之中"（De Swert and Wouters，2011：343），因为后者与西方读者的关系更为密切。这样，我们的研究发现就验证了维尔那特和罗的结论，即，"西方媒体对中国形象的描述，一直由那些聚焦于人权、政治遏制和经济贸易的框架界定所引导"（Willnat and Luo，2011：259）。然而，必须承认，电视新闻频道正在以语音形式和视频形式，对中国的日常生活以及中国迅速发生的社会与经济转型所产生的影响给予越来越多的关注，原因在于，比利时公共电视频道的驻外记者数量在不断增加（De Swert and Wouters，2011：343）。同样，比利时的纸质媒体也在刊登与人类利益以及社会问题相关的文章，从而给予了多个行为体以话语权，其中也包括普通人，尽管这只占很小的比例。

另外一个值得我们关注的问题是，对于行为体的大多数评估性定位取决于文章的来源。例如，《民众报》的记者弗柯·奥比马对总体的框架性界定程序具有举足轻重的影响，这恰恰是因为大量文章都出自他一人之手。其他一些经常撰写与中国问题相关文章的记者包括，《民众报》的安妮·马杰达姆、《新鹿特丹商报》的奥斯卡·加沙根、《比利时标准报》的玛丽杰·弗拉斯卡姆和《自由比利时日报》的菲利普·帕克等人。另外，对不同编辑部门编辑的文章也需要进行区分。例如，在《民众报》，国外新闻部编辑制作的文章比经济新闻部制作的文章要更负面一些，这表明了一种双重政策的存在。

当前和从前的研究发现中还有一个相同之处，那就是，西方媒体对中国的评价总体上是负面的。绝大多数媒体文章关注的领域是经济问题和冲突事件，它们往往以一种负面基调界定中国，例如，在比利时电视台对中国的报道中，负面新闻的数量要多于正面新闻（De Swert and Wouters，2011：342）。

然而，尽管这些媒体对中国的评价总体上是负面的，但数据显示，正面界定和负面界定同时存在。维尔克和阿夏茨（Wilke and Achatzi，2011）针对德国媒体对中国的形象界定开展了一项历时性研究，他们认为，德国媒体对于中国的评价并没有沿着线性方向发展，因为正面或负面框架界定之间的转换常常由于突发事件或危机而变动。我们目前开展的这项研究与维尔克和阿夏茨的研究结果相同。德斯维特和乌特尔（De Swert and Wouters，2011）也指出了文材报道背景的重要性，他们承认，由于其研究涉及的是作为一个总体范畴的新闻，因此，其研究结果高度依赖中国实际发生的事件。换言之，新闻报道数量峰值的出现表明，新闻报道至少在一定程度上是由事件驱动的（201：339）。① 在我们的分析中也找到了证明这一点的证据。由于欧盟对从中国进口的太阳能光伏板实施反倾销措施，中国和欧盟展开了艰苦的贸易谈判，此时出现了一些负面文章，这些文章中往往包含有与"战壕"或"战争"有关的带有感情色彩的隐喻；但一旦中欧贸易谈判达成了和平解决方案，媒体则刊发了更多正面文章，这些文章提到的多是充满前景的成果丰富的合作，以及中国和欧盟是贸易伙伴等。

除了肯定先前一些研究中发现的某些框架界定的趋势以外，本文主要说明了这一框架界定程序的语言特征。本文的目的是，对学者们从前就西方媒体对中国形象的框架界定问题进行的一些研究提供定性

---

① 尽管关于中国问题的报道受事件的驱动，但研究结果也表明，新闻记者的影响使得关于中国问题的报道在增多，在没有特殊事件发生的时候也是如此（De Swert and Wouters，2011：339）。

支持证点与分析材料。先前的这些研究多为定量内容分析，它们为总体论调提供了定量数据，讨论了主题选择、观点均衡，以及文章来源等方面的长期趋势。本研究则聚焦于框架界定诱导过程的文本方面，它表明，形象建构和对自我和他者的定位是如何通过在微观和宏观两个层面逐渐累积多种不同的话语策略而得以实现的。对这一界定过程进行解构分析，是为了防止以"我们/他们"这种两极化方式对固定身份进行刻板的虚构或想象，正是这种想象虚构出了恐惧和冲突，并且操控了那些被简单化的观念。

参考文献

Akiba A. Cohen, "Editorial: Covering China: inside and out", *Chinese Journal of Communication*, Vol. 4, Issue 3, 2011.

Baldwin Van Gorp, *Framing asiel: indringer sen slachtoffers in de pers*, Leuven: Acco, 2006.

Birgitta Höijer, "Social representations theory: a new theory for media research", *Nordicom Review*, Vol. 32, Issue 2, 2011.

Carola Richter and Sebastian Gebauer, "The Portrayal of China in German Media", http://www. boell. de, last accessed on 6 February, 2012.

Clifford E. Kobland, Du Liping and Joongrok Kwon, "Influence of ideology in news reporting case study of New York Times' coverage of student demonstrations in China and South Korea", *Asian Journal of Communication*, Vol. 2, Issue 2, 1992.

Colin Sparks, "Coverage of China in the UK national press", *Chinese Journal of Communication*, Vol. 3, Issue 3, 2010.

Edward Said, *Orientalism*, London: Penguin, 2003.

Elsde Bens, *De pers in België: het verhaal van de Belgische dagbladpers gisteren, vandaag en morgen*. Leuven: Lannoo, 2001.

Elsde Bens and Karin Raeymaeckers, *De pers in België: het verhaal van de*

Belgische dagbladpers gisteren, vandaagen morgen, Leuven: Lannoo, 2007.

Gerald C. Stone and Xiao Zhiwen, "Anointing a new enemy: The rise of anti-China coverage after the USSR's demise", *Gazette*, Vol. 69, Issue 1, 2007.

James Clifford, *The Predicament of Culture: Twentieth-Century Ethnography, Literature, and Art*, Cambridge, MA: Harvard University Press, 1988.

Jan Jonckheere, "Hoe 'spontaan' waren de Tibet-rellen", *China Vandaag*, June 2008.

Jürgen Wilke and Julia Achatzi, "From Tian'anmen Square to the global world stage: framing China in the German press, 1986 – 2006", *Chinese Journal of Communication*, Vol. 4, Issue 3, 2008.

Kent A. Ono and Joy Yang Jiao, "China in the US imaginary: Tibet, the Olympics, and the 2008 earthquake", *Communication and Critical/Cultural Studies*, Vol. 5, Issue 4, 2008.

Kevin M. Carragee and Wim Roefs, "The neglect of power in recent framing research", *Journal of Communication*, Vol. 54, Issue 2, 2004.

Knut De Swert and Ruud Wouters, "The coverage of China in Belgian television news: a case study on the impact of foreign correspondents on news content", *Chinese Journal of Communication*, Vol. 4, Issue 3, 2011.

Kristof Decoster, "Door welke lens kijken wij naar China?", *MoMagazine*, 22 July 2008.

Lars Willnat and Luo Yunjuan, "Watching the dragon: global television news about China", *Chinese Journal of Communication*, Vol. 4, Issue 3, 2011.

Lee Chin Chuan, "Established pluralism: US elite media discourse about China policy", *Journalism Studies*, Vol. 3, Issue 3, 2002.

Lutgard Lams, "Linguistic tools of empowerment and alienation in the Chinese official press: accounts about the April 2001 Sino-American diplomatic stand-off", *Pragmatics*, Vol. 20, Issue 3, 2010.

Peng Zengjun, "Representation of China: An across time analysis of coverage in the New York Times and Los Angeles Times", *Asian Journal of Communication*, *Vol.* 14, Issue 1, 2004.

Serge Moscovici, *Social Representations: Explorations in Social Psychology*, Cambridge: Polity Press, 2000.

Sjoerdde Jong, "Liberalisme in NRC Handelsblad: klassiek, met somseenradicalebui", http://www. nrc. nl/ombudsman/2013/04/06/liberalisme-in-nrc-handelsblad-klassiek-met-soms-een-radicale-bui, last accessed on 6 October 2013.

Stephen H. Riggins (ed.), *The Language and Politics of Exclusion*, Thousand Oaks, CA: Sage, 1997.

Ulrika Olausson, "Towards a European identity? The news media and the case of climate change", *European Journal of Communication*, Vol. 25, Issue 14, 2010.

William A. Gamson and Andre Modigliani, "Media discourse and public opinion on nuclear power: a constructionist approach", *American Journal of Sociology*, Vol. 95, Issue 1, 1989.

Wu Min, "Framing AIDS in China: A comparative analysis of US and Chinese wire news coverage of HIV/AIDS in China", *Asian Journal of Communication*, Vol. 16, Issues, 2006.

Yu Huang and Christine Chi Mei Leung, "Western-led press coverage of Mainland China and Vietnam during the SARS crisis: Reassessing the concept of media representation of the 'other'", *Asian Journal of Communication*, Vol. 15, Issue 3, 2005.

Zhang Li, "The rise of China: Media perception and implications for international politics", *Journal of Contemporary China*, Vol. 19, Issue 64, 2010.

Zhao Yuezhi, *Communication, Crisis and Global Power Shifts*, Keynote speech at the China Communication Forum and the First Central Asian Communication Forum, 20 – 22 September 2013, School of Journalism and Communication, Xinjiang University, Urumqi, PR China.

第九章
媒体交流：中欧新闻领域
对话面临的问题与存在的机遇

依莲娜·法伊尔[*]

摘　要：本文探讨了中欧新闻领域对话面临的问题与存在的机遇，并且分析了以记者为目标对象的人员交流项目能够以何种方式改善中欧之间的相互理解。本文认为，造成中欧伙伴之间缺乏信任和理解的原因，不仅在于中国媒体对欧洲的报道和欧洲媒体对中国的报道中存在着错误描述，而且，中欧双方的媒体之间几乎不存在人员交往和互动这一情况，也导致了上述问题。本文指出，中欧之间在大众媒体领域的对话最为薄弱。本文对"中欧媒体交流"等直接对话机制的积极效果进行了分析，同时探讨了此类对话可能遇到的一些挑战和限制因素，并且提出了一些有助于改善中欧媒体领域双边对话机制的可能途径。

＊　Hélène Pfeil.

导　言

2013 年冬季，法国、英国和德国的一些主要报刊和杂志发表了一系列关于中国新兴大城市（mega - cities）的文章，其主题包括房价、高等教育、建筑，以及城市发展等。在整个欧洲大陆，有数千名读者阅读了这些文章，他们由此得以更好地了解中国一些二线城市面临的关键挑战与机遇。这要归功于英国智库"战略对话研究所"（Institute for Strategic Dialogue）和上海交通大学 2013 年 10 月在南京共同组织的为期 1 周的"深度发现"项目，如果没有该项目，就不可能有这些文章。在江苏省省会南京市举办的此次交流活动，为几十名欧洲记者提供了深入了解中国的机会，同时，还为他们提供了与当地的记者、高级官员和居民开展对话的独特机会。

在一个大众传媒数量激增的年代，Skype 逐渐取代了面对面的交流，而互联网的存在让人们以为，只要点击鼠标就能够传达和获得全世界的所有信息。但是，在这样一个时代，中国和欧盟之间仍然存在着错误认知和相互理解方面的鸿沟，这一点的确令人感到迷惑。随着欧洲驻中国记者和中国驻欧洲记者的数量越来越多，我们也越来越需要创新型战略以及创造性思维，以便打破固有的思维定式，同时能够以通俗易懂的方式让读者理解双方的复杂性。

本文旨在探讨以下问题：以媒体工作者为目标对象的人员交流对话项目如何增强中国和欧洲之间的相互理解？这些交流项目面临着哪些挑战？其预期目标是什么？

本文的分析将在以下三个层面逐一展开。第一部分将提出，尽管过去 10 年间，不管是中国和欧洲的媒体对彼此的报道，还是双方之间的交流，其质量和涵盖范围均已得到极大提高，但持续的误解和不信任仍然存在，这不仅源于双方在媒体报道方面存在着差异，而且还在于中欧媒体工作者之间几乎不存在人员往来。欧洲和中国之间的经济和政治交往不断加深,有"第四帝国"之称的媒体不应被排除在这种交往之外,这一点至关重要,而且,媒体本来就应该受益于中欧双方持续的深入对话所提供的机遇。与过去相比,今天的世界经验已经越来越"媒体化",因此,媒体参与对现实的社会建构这一现象,使得媒体成为信息的关键传导者(Stocchetti and Kukkonen,2011),而且,媒体对于外交决策的制定程序与国家品牌的打造具有潜在影响——即所谓的"CNN效应"(Zhang,2011)。为此,我们也需要对此种影响做进一步分析。

第二部分将阐述,媒体领域的直接对话将通过何种方式增进中欧双方的相互了解。本部分将表明,通过运用"正确的渠道",例如与一些大城市和媒体机构开展合作,就可以在中欧媒体工作者之间形成长期的网络建构,从而填补双方在理解方面存在的差距。除了"有助于描绘这幅宏大蓝图"以外,中欧媒体之间的人员交流还具有一些特殊优势,即,参与者通过分享各自关心的问题,能够增强双方的信任程度,并认识到媒体职业的共性和双方在背景方面存在的差异,同时能够理解另一方如何看待自己的行为。

本文第三部分分析了中欧媒体领域人员对话项目可能面临的挑战,其中包括,人员参与情况、资金来源,以及交流和文化挑战。该部分还将提出未来可能存在的一些机遇,例如向真正的合作发展,以及设立"中欧媒体合作与交流平台"等。

2011年以来,战略对话研究所和上海交通大学组织了"中欧媒体交流"这一年度人员对话项目,本文将以此作为案例研究。本文将采用定性研究方法,同时,本文的分析将以笔者在过去3年进行的一系列访谈、交流和反馈为基础。

对问题的诊断

一 中国和欧洲媒体对彼此的报道在质量与内容方面，以及双方之间的交流均得到了极大程度的改进

近年来，中国和欧洲媒体对彼此的报道已经得到了极大程度的改善。西方媒体对中国的评论过于苛刻，过多强调失误和问题，几乎很少强调中国自 20 世纪 70 年代末实行改革开放政策以来取得的成就。然而，今天的中国受到了前所未有的关注，关于中国问题的报道所涵盖的内容从未像今天这样广泛：不仅在绝对数量方面实现了大幅增长，而且，报道质量也得到了提高。派驻中国的欧洲记者数量越来越多，他们的奉献精神推动着媒体报道越来越全面，也越来越公正，其涵盖范围不仅包括政治和经济，也包括科技、体育和文化。2013 年10 月，"媒体与发展论坛"（Forum Media and Development）主办了研讨会"金砖国家及其在不断发展的媒体市场中的作用"。清华大学一位从事文化与传媒研究的教授在此次会议上对西方媒体提出了质疑："为什么西方媒体几乎没有对中国的社交媒体项目进行过任何报道？微信已经获得了巨大成功，特别是在发展中国家。然而，没有一家西方媒体愿意报道它，这是什么原因？"（Romashkan，2013）两个月之后，《经济学人》刊登了一篇文章，详细分析了微信取代微博成为中国的主要在线社交平台的过程（2014：54）。尽管这两件事之间可能没有什么直接联系，但这个例子很有意思，它表明欧洲媒体越来越灵活，更倾向于越来越多地报道"大政治"之外的其他事件。

欧洲媒体对中国问题的报道目前已经涵盖了各个不同的问题领域。要分析这一事实，我们必须首先认识到中国的地位在全球化的世界中越来越重要。中国的政策和发展已经对世界经济、安全及环境产

生了令人瞩目的影响。鉴于中国的行动在国际社会中的分量，相较于那些在经济和政治方面不那么重要的国家而言，欧洲对中国的观察要更加密切，批评意见也更多。

同样，中国也加强了对欧盟问题的报道。

> "中国也极大地增强了在欧盟的存在——当前，中国派驻布鲁塞尔的记者团队是所有国家中规模最大的，超过了任何欧盟成员国和其他任何第三方国家。积极投资于大众媒体的举措表明，中国愿意了解欧盟，也愿意得到欧盟的更好理解。"（College of Europe，2012）

除传统的媒体报道之外，新媒体还为中国和欧洲之间的交流开辟了新的渠道。在中国的 5.91 亿名互联网用户中，据报道，有 91% 的人拥有至少 1 个社交媒体账号。中国的互联网用户平均每天用于社交媒体的时间为 46 分钟（Simcott，2014）。人人网拥有 1.94 亿名用户，而微博则声称拥有 5.03 亿名用户（Waite，2014）。在欧盟，有 70.5% 的人每天或几乎每天使用互联网。使用"脸书"的欧洲用户为 2.5 亿人（Internet World Statistics，2014）。2013 年，西欧国家的社交网络用户大约有 1.742 亿人，占互联网用户的 62%（Simcott，2013）。随着移动互联网的发展，这一趋势必定还要继续增强。尽管我们无法从这些新媒体本身的发展发现与中国和欧洲对于彼此报道的质量或数量有关的情况，但它们确实为中国和欧洲公民提供了新的平台，他们可以借助这些平台发表观点，就其认为与对方政策有关的一些特别值得关注的问题发表微博，同时分享对于彼此的看法。

社交媒体的快速增长也促进了新型人员交流方式的发展。例如，欧盟官员已经认识到社交媒体平台能够涵盖很广的范围。欧盟委员会前主席范龙佩于 2011 年开通了微博账号。到 2013 年，他的微博已有

300 万名粉丝，而他在推特上仅有 15.7 万名粉丝（Fu，2013）。英国前首相大卫·卡梅伦于 2013 年 12 月开通了微博账号，到 2015 年已有超过 80 万名粉丝，而他在推特上有 120 万名粉丝。

尽管如此，要推进真正的对话而不仅仅是单向交流，仍然面临着很大的挑战。在线平台"Chinadialogue. net"在这方面是"先行者"，它主要发布与中欧双方面临的环境挑战有关的高质量双语信息。只有在新的信息和沟通技术出现之后才能实现直接对话，但这样的对话为数并不多。

在 2010 年的"中欧文化对话年"和 2011 年的"中欧青年交流年"结束之后，人们认识到，应该扩大中欧对话的范围，涵盖除政治家、官员、专家或企业代表之外的其他参与者。基于这种认识，在 2012 年于北京举行第 14 次中欧领导人会晤期间，最终设立了中欧高级别人文交流机制，其目的是推进中国和欧盟公民之间的直接日常交往和交流，并借此补充和加强现有的高级别机制性安排（例如高级别经济与贸易对话和高级别战略对话）。人文交流机制的目标是，通过中国和欧盟人民之间更密切的交往，实现双方之间的了解和相互理解；鼓励双方在全面交流信息的基础上，采取一些实质性行动；支持双方社会向充分尊重多样性——这也是我们高度珍视的价值——这一积极方向发展。

这些措施都很有价值，有助于加深中国和欧洲之间的沟通。然而，尽管中欧双方付出了很大努力，但双方对彼此的理解似乎仍然存在着一些差距，而且，双方关系中仍然缺乏相互信任。

二　在相互理解方面仍然存在差距，缺乏相互信任的情况依旧存在，思维定式和误解依然盛行

尽管过去 10 年间，中欧双方媒体对彼此的报道已经取得了重大进展，但无论是在欧洲还是中国，对彼此的看法仍然受到诸多限制，

并且仍有可能传达着一些思维定式。鉴于双方的情况都十分复杂，因此，真正实现全面、公正和平衡的媒体报道仍然是一项巨大挑战。

中国前驻欧盟大使宋哲"曾经批评欧洲媒体过去没有全面报道中国的现实情况，并导致了'对中国的误解，甚至是有偏见的看法'。他还认为，问题的关键在于，"欧洲并不是很了解中国"（Islam, 2012）。当然，这一问题只有通过中国和欧洲之间的长期接触才有可能得到解决。然而，认为当前的媒体报道没有促进相互理解——部分原因在于（例如）缺少语境化——的观点仍然占有支配地位（Dietz, 2013）。例如，一名欧洲记者在《环球时报》（*The Global Times*）发表了一篇文章，指出："西方媒体似乎仍然站在自己的立场上看待中国的发展，并且维护自己的治理方式，认为只有西方的治理方式才是其他国家必须采用的模式。如果以这样一种方式报道中国问题，是不可能实现准确性的"（Tzogopoulos, 2013）。

上述引文表明，国际媒体总体上过于以西方为中心，并且以"突出西方，忽略其他地区和国家"为指导方针（Romashkan, 2013）。此外，媒体报道在很大程度上仍然以某些特定原则为基础，例如，它们首先突出和强调的是上海和北京等大城市的政治与经济情况，或者是一些吸引人眼球的突发事件，而不是公民的日常生活。

造成这种状况的部分原因在于，媒体领域现有的人员对话数量十分有限，这是因为，尽管目前的通信手段空前发达，但媒体领域的真正对话少之又少。已经有大量著述表明，直接对话使"深入交流"成为可能，它是"建构信任、相互尊重和共同理解，并使人们为这一过程做出贡献"的核心要素（Ansell and Gash, 2007：5），因为直接对话可以"培育社会信任、促进形成互惠规范、创设良好愿望，而这些在危机时刻将是无价之宝"（Cowan and Arsenault, 2008：23）。为了使人员交流达到最佳效果，阿尔波特（Allport, 1954）提出了以下 4 个条件：1. 参与者具有参与交流的平等地位与能力；2. 共同目标；

3. 参与者各自所属的团体之间不存在竞争；4. 此种交流以社会规范以及/或者共同体的权威机构作为支撑。如果能够满足上述 4 个条件，那么，就可以实现"具有适当结构的相互交往"，这种交往"在克服思维定式，消除不同群体之间的社会差异方面，要比提供信息这一方式更加有效"（Cowan and Arsenault，2008：20）。

"中欧政策对话支持项目 II"（EU – China Policy Dialogues Support Facility II）和欧洲对外行动署公布的中欧对话结构图表明，迄今为止，媒体领域的人员对话尚未被系统地纳入政策框架之中。目前已有少量媒体交流项目，它们为促进中欧新闻工作者之间的对话付出了大量努力。例如，罗伯特·博世基金会（Robert Bosch Stiftung）的"中德媒体大使项目"（China – Germany Media Ambassadors Programme），上海外国语大学、汤姆森基金会（Thomson Foundation）和英国驻上海总领馆（2014 年 3 月）共同提出的媒体交流倡议，以及第一届"中英媒体论坛"（2014 年 1 月）等。然而，此种动议的数量少之又少，尽管它们有可能发展成为一种更为广泛的趋势，但到目前为止，致力于将此类动议付诸现实的资源非常有限。在学术研究中也是如此。表 1 列出了欧盟机构、中国政府、欧盟媒体以及中国媒体之间的 12 种可能的相互交往途径，但到目前为止，学术界就中国和欧洲媒体工作者之间的交流这一问题开展的研究严重不足（Zhang，2011，见图 1）。

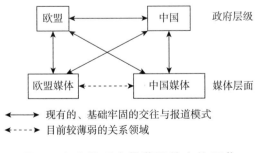

图 1 中欧关系中最薄弱的交往环节

因此，目前似乎存在着开展相关项目的空间，这些项目应聚焦于媒体领域的直接人员对话，其目的不仅在于增进中欧之间的理解和相互信任，同时，也致力于改进双方对彼此的报道质量。

三　从谈论彼此到相互交谈：媒体领域的人员交流项目

2011 年，英国智库"战略对话研究所"（ISD，总部在伦敦）启动了一项多年度媒体交流项目。在该项目启动一年之后，即 2012 年，中欧高级别人文交流对话实现机制化。"中欧媒体交流动议"由罗伯特·博世基金会提供资助，由战略对话研究所与上海交通大学共同主办。此后，该动议一直致力于为欧盟和中国的高级记者创造机会，使其能够深入了解对方的社会发展情况，同时让彼此能够理解对方是如何解读自己的态度和行为的。该项目的目的既是为了提升参与者对于彼此所面临的挑战和对方视角的了解，同时也是为了给这些高级记者创建一个校友网络，使其能够保持定期联络。本文接下来将分析，通过这种专门针对媒体人士设计的独特的交流模式，该项目对于改善中欧之间的相互了解和相互信任发挥了哪些作用。

该项目的核心理念是，通过改进关于一系列广泛问题的报道——这些问题并不一定在各自的媒体领域受到重视——以打破中国和欧洲对于彼此的一些先入为主的认知。之所以要报道那些不太受关注的问题，目的是为了促进形成一种全新的叙事方式。在此意义上，该项目遵循的原则与被称之为"和平新闻学"（peace journalism）的原则大体类似，即，新闻活动应以事实为导向、以人为导向和以解决问题为导向，它们"能够识别忽略和扭曲等累积模式"，其特征是采取一种"理解、积极和人性化的"方式，而不是"我们和他们"的两分法，后者是一种被动和非人性化的方式（Hackett and Zhao, 2005）。该项目不同于一般性的记者培训项目，因为其目标群体是中高级记者，也就是那些已经在各自的领域积累了相当经验的人员。然而，他们却并不一定都是中国问题或欧洲问题专家。相反，该项目的目的恰恰是为了让那些在一般情况下没有机会深入了解中欧关系或欧洲问题／中国问题的媒体人士"开阔视野"。过去的经验表明，参与者正在探讨的地理方面的混合知识更多的是一种"红利"，而不是障碍，因为它能够促进群体内部以及不同群体之间的信息共享。该项目分别于2011年和2012年开展了两次成功的试验性访问——一次在成都（2011年）、一次在伦敦、法兰克福和柏林（2012年）。该项目第三期于2013年在南京举办。预计该项目将在多年度基础上继续开展下去。该项目最初提出的目标是向中国和欧洲的记者提供机会，使其能够看到"无法在媒体报道中看到"的中国／欧洲。为了实现这一宏伟目标，该项目努力寻求具有创新性的切入点，以便为参与者提供一些前所未有的机会，使其能够了解他们感兴趣的问题。

随着中国中央政府向城市下放权力，各个城市和城镇均获得了重要的自治权。它们的责任涵盖一系列范围广泛的活动，包括地方基础设施、提供公共服务、中小学教育，以及环境保护等。与此同时，欧洲媒体对于除上海和北京以外的大城市（即所谓"二线"城市）的报道还非常少。因此，与市镇合作被视作获取信息的一种独特渠道，而若没有当地政府的支持，则不太可能做到这一点。

另外不管是对中国记者还是欧洲记者而言，尽管在本国领土工作的外国同行的数量与日俱增，但几乎还没有人真正有机会亲身体验对方媒体的实际运行情况，也没有机会与欧洲或中国同行讨论对时事的报道问题。在很大程度上，由于对对方媒体的所有权和言论自由等问题存在着误解，导致双方之间缺乏信任的情况变得更加复杂。因此，该项目通过与一系列具有较高知名度的纸质媒体和在线新闻机构建立联系，使中欧双方的媒体有机会就特定问题展开辩论，并有机会深入了解对方媒体的情况。

"报道过去较少被报道的问题：人物和地点"这一模式运行良好，

不管是在中国还是在欧洲，该项目都为参与者提供了非常独特的视角。在该项目第三期组织的参观访问环节的前几天，参与该项目的媒体专业人士与东道国的记者一起，有机会与来自私营部门和公共部门的诸多代表人士直接交谈，此举前所未有。该项目在中国举办期间，中欧媒体人士混合编组，他们对诸如文化保护、社会福利、教育、经济转型和城市发展等双方共同选定的一些问题进行了深入探讨。该项目在欧洲举办期间，中国记者在英国广播公司（BBC）、《经济学人》、《卫报》、谷歌和美国有线电视新闻网（CNN）等不同的媒体机构亲身体验了其欧洲同行的工作。不管该项目是在欧洲还是在中国举办，通过此种模式，媒体代表都有机会探讨他们此前在各自的工作领域很少意识到的一些问题。参与该项目的一位 CNN 记者恰如其分地描述了这一点："我认为，我那些派驻北京的 CNN 同事做梦也想不到，他们在 6 个月内的收获还没有我这一周的收获多"（Institute for Strategic Dialogue，2013）。

此种模式的突出特点在于，它能够促成媒体人士与包括高层官员和普通公民在内的各行各业人员开展大量讨论。参与该项目的所有记者都强调，各种参观访问活动的质量都非常高，而且，在"融入日"期间，公共部门与私营部门的执政官对他们高度公开和开放，这些活动都让他们获得了以其他方式不可能获得的视野。欧洲媒体代表有机会与中国的高级官员（例如，成都市市长、南京市委书记等）一起参加新闻发布会，从而获得了重要的一手信息，而且，他们还可以将此类新闻发布会的内容与他们和学生、当地居民以及企业家之间的讨论进行对比。当被问及他们在该项目期间获得了哪些新的视野时，参与者列举了一系列问题，从"城市发展速度过快带来的问题"，到"对私营企业的一些看法，特别是'新经济'"等，这表明，通过该项目形成的深入了解和理解具有重要价值。

但是，这种模式之所以具有突出特色，除了能够提供"表象背后的"视野之外，它还促成了一种相互学习过程，在这一过程中，参与者不只是去了解彼此的情况，而是共同学习，并且通过共享知识丰富彼此的报道和文章。本项目所具有的灵活性也使得其中一些参与者能够深入跟踪那些需要"创造性思维"的事件，例如他们撰写的关于建筑展览和艺术走廊等方面的原创文章。

此外，该项目还特别注重向尽可能广泛的读者群传播参与者刚刚获得的知识。为了实现强有力的多重效果，参与该项目的记者来自多个欧洲国家（主要是德国、法国和英国）和中国的几个大城市（成都、南京和北京等），而且，项目要求他们至少发表一篇与参加该项目期间的经历有关的文章。由于参与该项目的媒体机构拥有大量读者，而且这些机构的信誉度很高，因此，该项目就有可能产生真正的"滚雪球"效应。在欧洲方面，参与该项目的报刊和杂志包括《卫报》、《经济学人》、美国有线电视新闻网、《金融时报》、《展望》（*Prospect Magazine*）、《费加罗报》（*Le Figaro*）、《世界报》（*Le Monde*）、《观点周刊》（*Le Point*）、《时代周刊》（*Die Zeit*）、《世界报》（*Die Welt*）和《南德新闻报》（*Süddeutsche Zeitung*）等。

该项目成功地增进了参与者对于彼此的了解。在交流期间，他们获得了新的信息，收集到了以其他方式不可能得到的事实和数据。然而，如果想要取得更进一步的成效，就必须达成相互理解。事实上，"理解"并不仅仅等同于获得信息，而且更要认识到各种信息之间的联系。"理解"的层次比"了解"要更深一步，意味着有能力识别、解释、分析和总结相关信息和数据。尽管知识的传递可以即刻实现，但实现理解却往往需要更长的时间。该项目交流框架的根本目的既是为了促进知识的改善，也是为了增进理解。参与该项目的记者了解到了中欧双方之间的共同点，并且认识到了双方之间存在的差异，这样一来，该项目不仅增进了相互之间的了解，而且增强了双方媒体对于彼此运行方式的理解。如果想要让中欧双方的媒体更好地界定对方所传递的信息，这是一个重要的前提条件。

该项目的参与者能够在"融入日"以及项目结束之前的全体讨论环节更深入地了解到双方的一些共同点，其中之一是，目前快速发生的形势变化对新闻工作的影响很大，而这一职业本身也由于社交媒体的扩展而得到了促进。同样，中国的传统新闻机构也由于新媒体的扩展以及刚刚出现的"公民记者"而面临着各种挑战，这一点甚至比欧洲的情况更加严峻。有些记者的发言主题就是如何解决新媒体和旧媒体的融合问题（其中包括驻柏林的一位德国电视二台记者和驻南京的一位美国有线电视新闻网记者），这些发言获得了极大关注，因为中国和欧洲在这方面遇到了同样的问题。

该项目发现，中欧媒体的另外一个共同点是，媒体与政策制定者之间是一种双向关系，因此，记者这项职业经常受到政治压力的限制。欧洲记者指出，他们在涉及一些敏感话题时经常会遇到很大压力，特别是与保护国家安全利益有关的情况。例如，在美国国家安全局（NSA）丑闻事件发生时，媒体就面临着这种情况；再如，10年前，《纽约时报》以布什政府提供的文件为基础，报道了伊拉克的所谓大规模杀伤性武器。在遇到这些困境的情况下，中欧双方都强调新闻职业道德的重要性，强调应坚持全面和公正的报道，并应在撰写报道时坚持高标准，特别是要认真地对信息进行双重审核。

与此同时，该项目的参与者还获得了公开和坦诚地讨论双方差异的机会。这些差异包括中国和欧洲媒体如何看待自身的作用，以及哪些因素对他们的工作构成了制约，等等。中国记者指出，中国的媒体领域最近实现了市场自由化，获得了与此相关的一定程度的独立性。他们还强调，人们期望中国媒体能够承担起教育民众的功能，以推进某些道德价值观，同时摒弃另外一些价值（van Pinxteren，2013）。这一点有助于欧方人员理解中国记者的处境。

该项目的欧方参与人员在其反馈报告中称，通过此种坦诚交流，他们对中国记者的工作有了更全面的理解。欧洲记者阐述了欧洲人认为媒体是"第四王国"这样一种概念，即，媒体是政府的监督者，其使命是为权力提供一种关键性的平衡力量，同时以一种透明的方式向公民传递信息。2012年，在该项目框架下，中国记者访问了英国广播公司，当时恰逢英国广播公司的一档旗舰电视新闻节目由于内容不够准确而陷入危机，并且导致该公司总监辞职（O'Carroll and Brown，2012）。而该项目也恰巧安排了关于新闻工作标准的讨论，英国广播公司的上述事件令此种讨论变得十分有意思。中国记者见证了英国广播公司在节目中对该事件的公开辩论，也亲眼看见了其他人对在最近的调查中帮助揭发上述错误的那位编辑的态度，因而开始理解欧洲媒体的核心要素。

在该项目框架下开展的讨论也表明，中国和欧洲的社交媒体对政策产生的影响是有差异的。在欧洲，传统媒体仍然在很大程度上影响着政策辩论，并且仍被认为是信息的主要提供者；相反，社交媒体更多承担着信息发布而不是信息"生产者"的作用。但在中国，诸如微博等博客平台"出产"的信息则要比欧洲多很多。

在"融入日"组织的参观访问活动中，中欧记者混合编组，这一点也有助于双方更好地理解对方的兴趣和工作方法。在该项目在中国组织的参观访问活动过程中，中国记者指出，他们仅通过观察其欧洲同行所提出问题的类型及其选择的题目或角度，就学到了很多东西。在南京全体会议的闭幕阶段，一位来自于南京网络电视台（Nanjing Live）、曾经参加过"中欧媒体交流"项目的记者指出："在今年的交流项目中，我在访谈和参观访问的过程中学到了很多东西。我发现，有些工作方法和视角非常有意思。我们的欧洲同行非常强调人性，这一点给我留下了十分深刻的印象。我认为，这些经历对于我们未来的工作非常具有启发性"（Institute for Strategic Dialogue，2013）。

这个例子说明，该项目最有价值的无形成果之一很可能是对一些隐性知识（与"法典化"知识【codified knowledge】相对应）的共享。"法典化"的知识包括事实、理论和原则，这些都可以清楚地呈现在文章或著作之中，但隐性知识却是个性化的，不太容易传递。它描述的是技术和专门技能，或者简单地说，是"本行业的技巧"，只有通过直接交往才可以传达（Adler，1996）。此外，中欧同行之间的讨论推动了不同观念的相互传播。例如，《南京日报》一位记者的如下评论就反映了这一点："给我留下深刻印象的一件事是，来自《费加罗报》的一位参与者提到，我们需要将事实与观点分开。我已经与我的中国同事深入探讨过这一问题"（Institute for Strategic Dialogue，2013）。

有一些著述认为，对话是建构信任的一种行为。我们从这些著述中得到了某些教训，而中欧媒体交流机制已经成功地将这些经验教训付诸实践。该机制不仅努力推动"技术性对话"，即聚焦于观点与信息的交流，而且，它还努力推动"真正的对话"。在对话期间，"参与者自愿、坦诚地参与旨在建构双方关系的真正的交流活动，在这一过程中，人们几乎感受不到任何控制或垄断等因素"（Buber，1958；Cowan and Arsenault，2008：18）。在该项目正式启动后的前3年，我们看到，中欧双方媒体工作者的认知发生了令人感兴趣的变化，这意味着讨论在不断深入，同时，束缚双方关系的思维定式也在随之减少。正如下文的引言所表明的：

　　"现在，距我赴伦敦和柏林访问已经过去一年了。回顾当时的情况，也许因为我们对彼此都不熟悉，因此，交流过程并不是很顺利。在一次讨论偏见和思维定式的会议上，气氛非常紧张，但我们确实都在非常努力地工作。我想，这次的媒体交流不会再被歧视或偏见所左右。这恰恰是此项媒体交流机制的目的所在。"（Institute for Strategic Dialogue，2013）

　　中国媒体也直接引用了一些欧洲记者在全体会议上的发言，并发表了关于媒体自由的如下论述："媒体自由不仅能够对媒体人士形成激励，而且也会促进现代社会的正常运转。如果媒体无法获得全面信息，政府就很难评估其决策的合法性"（Nass，11 November，2013）。

挑战与机遇

　　艾克斯托洛姆等人（Ekstrom et al.，2011）提出了对治理努力形成阻碍的 5 种跨领域因素，我们可以用它们来评估媒体领域的跨文化交流所面临的主要挑战。这 5 种障碍如图 2 所示。

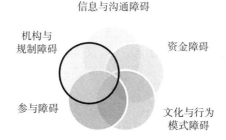

图 2　对媒体领域成功的人员对话项目形成阻碍的 5 种因素

　　尽管在这 5 种阻碍因素中，其中 4 种在跨文化交流中普遍存在，但我们认为，第 5 种障碍，即"机构与规制障碍"是最具挑战性的。

　　第一个障碍是参与问题。该项目面临的一个重要挑战是对参与者的招募问题。在某种程度上，这是可以理解的，因为该项目刚刚起步，同时，对于新闻记者来说，时间投入是个问题，因为他们不可能在长达 1 周的时间内完全脱离其工作岗位。此外，也很难保证参与该项目的新闻工作者既拥有适当的语言技能，同时又拥有符合要求的资深条件。但是，如果无法同时满足这两个条件，就无法保证他们可以在完成该项目后发表相应文章。另外，为了在对话和关系建构方面实现最佳效果，参加该项目的团队规模就不能太大（每一期来自每个国家的参与者数量为 10~12 人），这样一来，就限制了该项目的规模效应和影响范围。

另外一个挑战是如何找到适当的资助。尽管"中欧媒体交流"项目的主要欧方资助者罗伯特·博世基金会提供了大量资助，但迄今为止的资助并不包括人员成本，因而必须找到其他形式的资助，如由大使馆或其他合作伙伴以实物形式提供的资助，这种状况限制了组织者实施某些动议的能力。对该项目的资助以年度为基础，这就显得相关安排具有临时性。目前正在考虑采用多年度资助框架，这样一种安排更合理，而且有助于使该项目更加机制化。

就信息与沟通方面的障碍而言，语言方面的限制有时会给相互理解造成困难，特别是在"融入日"期间。同声传译有时会出现错误翻译或错误表达，这会带来额外的工作或不必要的延误。此外，尽管在该项目的规划、执行和报告阶段，沟通渠道本身并不是问题，但是，鉴于中国和欧洲的社交媒体平台之间存在着差异，想要长期保持联系和维持在线网络就变得更加复杂。

对该交流机制的规划产生影响的第四个障碍是文化和行为模式方面的因素。事实上，中方合作伙伴曾反复建议，希望将该交流机制打造成针对中国新闻工作者的"培训项目"。但该项目的本意是让参与者能够面对面交流，并且互相学习，而不是中方采取一种"学生"的姿态，单方面向欧洲"学习"，欧洲则仅仅是"发现"中国。因此，中方的建议与该项目的初衷是相悖的。欧洲方面对于保持该项目的特殊性一直持谨慎态度，希望将该项目与其他传统的媒体培训项目区别开来。

最后一个障碍是机构与规制方面的障碍，例如复杂的签证申请程序，它有可能对中欧媒体交流模式造成严重阻碍，甚至有可能延误该框架的进程。

走向真正的合作与中欧媒体
合作与交流平台？

　　鉴于该项目已经取得的成就，我们现在要问的一个重要问题是：我们未来将走向何方？接下来我们要做什么？如何才能进一步完善这一交流机制的结构？笔者认为，从单纯的对话向真正的合作发展可能是实现这一目标的关键渠道。但要实现这一目标，需要满足以下三个标准。第一，只有通过建立持久的相互关系，合作才能发生（Cowan and Arsenault，2008，p. 21）。只有在这种情况下，知识累积产生的效果才能"超出其各个组成部分的总和"，并且"有望创造一些新的要素"（Desportes，2014，p. 75）。第二，合作要求不同的利益相关者朝着一个清晰界定的共同目标一起努力，而不仅仅是支持对方完成各自的目标（Cowan and Arsenault，2008）。第三，问题的界定、目标的设定以及决策都应通过双方达成一致来做出决定（Ansell and Gash，2007，p. 543）。考文和阿森诺特（Cowan and Arsenault，2008，p. 23）认为，合作能够产生的一个关键结果是，它能够"培育社会信任，促进形成互惠规范，并且创造和积累信誉与友善，在发生危机的时期，这些价值是无价之宝，甚至能够跨越政治与社会方面的分歧"。这就意味着，在对项目进行规划时，应聚焦于如何形成长期的可持续性，以及信息的持续流动，而不仅仅是临时性的和表面上的观点交换。它还意味着，在进行项目设计时，必须采取参与性更强的方式，以便形成一致决策，同时，如果能在项目中增加一些活动，通过这些活动，让参与者寻求实现清楚界定的共同目标，则有可能获得更大的收益（Desportes，2014：75-77）。从实质性环节来看，这意味着，应更有意识地鼓励团队建设、就共同问题开展合作研究，或者共同撰写文章——后者是更理想的方式。在 2012 年的中欧媒体交流项目结束之后，英国《标准晚报》（*Evening Standard*）和中国《金陵晚报》的记者曾在对方的报纸上开辟客座记者专栏，并共同撰写了一些文章，这样一种方式的可行性值得探讨。

最后一个可能的方式是，以欧盟教育与文化总司和中国教育部共同发起的"中欧高等教育合作与交流平台"（EU – China Higher Education Platform for Cooperation and Exchange）这一模式为基础，创设"中欧媒体合作与交流平台"（EU – China Media Platform for Cooperation and Exchange）。中欧高等教育合作与交流平台"通过定期召集由不同领域的专家和利益相关者参加会议，讨论高等教育领域的特定问题，即由中国和欧盟双方共同确定的重要问题，并且向中欧双方提交建议，从而增强在这些领域的未来合作。中欧媒体交流平台也可以采用这样一种混合方式"（Fulda, 2013）。

结　论

本文认为，媒体领域缺少人与人之间的交往是造成中国和欧洲之间持续存在错误认知，以及在理解方面存在偏差的原因之一。无论技术如何发达，人与人之间的对话始终是克服双方偏见的关键因素，特别是能够让媒体代表面对面进行交流的项目，对于提升中欧之间的了解和理解具有特别重要的意义。该项目表明，"融入日"这种创新性方式通过让一方的新闻工作者直接体验对方的媒体工作环境，能够促进认知的改变，这一点不仅在个人层面是如此，在社会层面同样如此，因为广大读者通过阅读媒体发表的此类文章，就可以产生内在的多重效果。本文将战略对话研究所发起的"中欧媒体交流"机制作为一项案例研究，目的在于说明此类项目如何产生超越传统会议模式的影响。我们不仅分析了该项目取得的成绩，也分析了从中吸取的教训。本文认为，需要更有意识地推进中欧双方的合作活动，并在整个欧盟范围内对中欧媒体对话予以支持，这样才有可能进一步增强此类交流。

参考文献

Andreas Fulda，"The EU-China High-Level People-to-People Dialogue：why it is important and how to make it work"，*China Policy Institute Policy Paper*，No. 5，2013.

Bob Dietz，"China decrees use of foreign news must be approved"，*Committee to Protect Journalists*，18 April 2013，http://www. cpj. org/internet/2013/04/china-decrees-use-of-foreign-news-must-be-approved. php，last accessed on 2 April 2014.

Chris Ansell and Alison Gash，"Collaborative Governance in Theory and Practice"，*Journal of Public Administration Research and Theory*，No. 18，2007.

College of Europe，"Seminar on 'Mass Communication and EU-China relations'"，*EU-China Observer*，No. 6，2012，https://www. coleurope. eu/sites/default/files/uploads/event/seminar_on_mass_communication_and_eu-china_relations_en. pdf，last accessed on 2 April 2013.

Dima Romashkan，"How Countries Use the Media as a 'Soft Power'"，http://www. bosch-stiftung. de/content/language2/html/50174. asp，last accessed on 2 January 2014.

European External Action Service，*EU-China Dialogue Architecture*，February 2015，http://eeas. europa. eu/china/docs/eu_china_dialogues_en. pdf，last accessed on 4 August 2015.

EU-China Policy Dialogues Support Facility II（PDSF），http://www. eu-chinapdsf. org/EN/home. asp，last accessed on 2 August 2015.

Financial Times，"China says EU must recognise its decline amid trade war"，6 June 2013，http://www. ft. com/cms/s/0/a2711f68-ce7f-11e2-8e16-00144feab7de. html#axzz2vq5Fimld，last accessed on 2 August 2013.

Fu Jing, "Cameron gets his language right on Weibo", *China Daily*, 5 December 2013, http://www. chinadaily. com. cn/world/2013cameronvisitcn/2013 – 12/05/content_17152910. htm, last assessed on 3 August 2014.

Geoffrey Cowan and Amelia Arsenault, "Moving from Monologue to Dialogue to Collaboration: The Three Layers of Public Diplomacy", *The ANNALS of the American Academy of Political and Social Science*, 2008.

George N. Tzogopoulos, "Western media using familiar stereotypes to analyze Chinese reforms", *Global Times*, 24 November 2013, http://www. globaltimes. cn/content/827311. shtml, last accessed on 23 January 2014.

Gordon W. Allport, *The Nature of Prejudice*, Cambridge, MA: Perseus Books, 1954.

He Qinglian, *The Fog of Censorship: Media Control in China*, New York: Human Rights in China, 2008.

Hugo de Burgh, "Kings without Crowns? The Re-Emergence of Investigative Journalism in China", *Media*, *Culture and Society*, No. 25, 2003.

John Fox and François Godement, *A Power Audit of EU-China Relations*, European Council on Foreign Relations, 2009.

Julia A. Ekstrom, Susanne C. Moser and Margaret Torn, "Barriers to Climate Change Adaptation: A Diagnostic Framework", *California Energy Commission: Public Interest Energy Research (PIER) Program: Final Project Report*, 2011.

Institute for Strategic Dialogue, "Internal feedback collected from participants in the Europe-China Media Exchange", http://www. strategicdialogue. org/programmes/europe-in-the-world/europe-china-media, last assessed on 12 January 2014.

Internet World Statistics (2014), http://www. internetworldstats. com/stats4. htm, last accessed on 2 January 2015.

Isabelle Desportes, "We've got to address the underlying causes: A case study of stakeholders' initiatives to increase resilience in flood risk in Sweet Home informal settlement, Cape Town", *Thesis*, University of Amsterdam, 2014.

Garrie Van Pinxteren, "Foreign media on China: beyond positive and nega-tive reporting", 8 July 2013, http://www. clingendael. nl/publication/foreign-media-china-beyond-positive-and-negative-reporting? lang = nl, last accessed on 2 August 2013.

Jeremy Waite, "Which social networks should you care about in 2014?", 3 January 2014, https://blogs. adobe. com/digitaleurope/2014/01/03/social-net-works-care-2014/, last accessed on 23 January 2015.

Lisa O'Carroll and Maggie Brown, "BBC in crisis as George Entwistle quits over Newsnight fiasco", *The Guardian*, 10 November 2012, http://www. theguardian. com/media/2012/nov/10/bbc-crisis-george-entwistle-resigns, last accessed on 2 January 2013.

Martin Buber, *I and Thou*, Translation by Ronald Gregor Smith, New York: Charles Scribner's Sons, 1958.

Matteo Stocchetti and Karin Kukkonen, *Critical Media Analysis: An introduc-tion for Media Professionals*, Frankfurt am Main: Peter Lang, 2011.

Matthias Nass, "Media independence creates incentives for government to lis-ten to public", *Global Times*, 11 November 2013.

Paul S. Adler, "The Dynamic Relationship between Tacit and Codified Knowl-edge", in Gerald Pogorel and J. Allouche (eds.), *International Handbook of Technol-ogy Management*, Amsterdam: North-Holland, 1996.

Richard Simcott, "*Social Media Fast Facts: Western Europe*", 4 December 2013, http://www. emoderation. com/social-media-fast-facts-western-europe, last accessed on 23 January 2014.

Richard Simcott, "Social Media Fast Facts: China", 27 February 2014, ht-tp://socialmediatoday. com/richard-simcott/2213841/social-media-fast-facts-china, last accessed on 23 January 2015.

Robert A. Hackett and Zhao Yuezhi (eds.), *Democratizing Global Media*:

One World, Many Struggles, Rowman & Littlefield Publishers, 2005.

Shada Islam, "EU-China: The challenge of 'soft diplomacy'", Friends of Europe, 4 April 2012, http://www.friendsofeurope.org/Contentnavigation/Library/Libraryoverview/tabid/1186/articleType/ArticleView/articleId/3108/EU-China-The-challenge-of-soft-diplomacy.aspx, last accessed on 2 January 2013.

Susan L. Shirk, *Changing Media, Changing China*, Oxford: Oxford University Press, 2011.

Tan Xiaomei, "China's urban sprawl can only be stopped by fiscal reform", *China Dialogue*, https://www.chinadialogue.net/article/show/single/en/6440-China-s-urban-sprawl-can-only-be-stopped-by-fiscal-reform#, last accessed on 23 January 2014.

Tang Liujun and Helen Sampson, "The interaction between mass media and the internet in non-democratic states: The case of China", *Media, Culture & Society*, Vol. 34, Issue 4. 2012.

The Economist, "The internet-From Weibo to WeChat", January 18 2014.

The Telegraph, "David Cameron eases China visa rules", 3 December2013, http://www.telegraph.co.uk/finance/china-business/10490692/David-Cameron-eases-China-visa-rules.html, last accessed on 23 January 2014.

Zhang Li, *News Media and EU-China Relations*, New York: Palgrave Macmillan, 2011.

图书在版编目（CIP）数据

中国与欧盟的相互认知：媒体的视角／门镜，（保）
薇罗妮卡·奥尔贝特索娃（Veronika Orbetsova）主编；
李靖堃译. -- 北京：社会科学文献出版社，2017.7
（国际政治论坛）
书名原文：The EU and China：how do they
perceive each other?
ISBN 978 - 7 - 5201 - 0861 - 4

Ⅰ.①中⋯　Ⅱ.①门⋯ ②薇⋯ ③李⋯　Ⅲ.①传播媒
介 - 研究 - 中国②欧洲国家联盟 - 传播媒介 - 研究　Ⅳ.
①G219.2②G219.50

中国版本图书馆 CIP 数据核字（2017）第 114959 号

·国际政治论坛·

中国与欧盟的相互认知
——媒体的视角

主　　编／门　镜　　〔保加利亚〕薇罗妮卡·奥尔贝特索娃（Veronika Orbetsova）
译　　者／李靖堃

出 版 人／谢寿光
项目统筹／祝得彬
责任编辑／赵怀英

出　　版／社会科学文献出版社·当代世界出版分社（010）59367004
　　　　　地址：北京市北三环中路甲 29 号院华龙大厦　邮编：100029
　　　　　网址：www.ssap.com.cn
发　　行／市场营销中心（010）59367081　59367018
印　　装／三河市尚艺印装有限公司

规　　格／开 本：787mm × 1092mm　1/16
　　　　　印 张：13.5　字 数：181 千字
版　　次／2017 年 7 月第 1 版　2017 年 7 月第 1 次印刷
书　　号／ISBN 978 - 7 - 5201 - 0861 - 4
定　　价／69.00 元